LE PLAISIR DES IMAGES

Maxime Coulombe

LE PLAISIR DES IMAGES

Alpha ▪ Philosophie

Ouvrage publié avec le soutien du Conseil de recherches
en sciences humaines du Canada.

ISBN 978-2-3838-8028-8
Dépôt légal – 1re édition, Presses Universitaires de France : 2019, octobre
1re édition, Alpha : 2022, avril

170 bis, boulevard du Montparnasse, 75014 Paris

À ma mère.

SOMMAIRE

PROLOGUE

> Je déclarerai d'emblée que je ne suis pas un connaisseur en matière d'art mais un profane. J'ai souvent remarqué que le contenu d'une œuvre d'art m'attire plus fortement que ses propriétés formelles et techniques, auxquelles pourtant l'artiste accorde une valeur prioritaire. Je dois dire cela pour m'assurer que ma tentative sera jugée avec indulgence. Mais les œuvres d'art exercent sur moi un effet intense [...].
>
> SIGMUND FREUD,
> *Le Moïse de Michel-Ange*[1].

Pour quiconque n'est pas un spécialiste patenté en histoire de l'art, les hésitations et les formules défensives de Freud sont familières. Elles font presque sourire, car la plupart d'entre nous les avons eues à la bouche avant d'émettre un commentaire sur une œuvre d'art que nous connaissions peu. « Je ne connais rien à l'art, mais… », « C'est sans doute un peu bête, mais… » : petits gestes apotropaïques pour minimiser ce que nous allons dire, petits regards de biais vers le guide du musée pour voir sa réaction. Il faut l'avouer : s'autoriser d'un commentaire – même affectif – sur une image exige souvent d'en être expert.

Pour qui s'intéresse à l'art, en effet, tout se passe comme s'il y avait une antichambre à traverser pour accéder aux œuvres, une galerie de portraits, de figures à connaître (artistes célèbres, styles, motifs iconographiques) afin de savoir comment les regarder. Cette érudition médiatise le regard sur les œuvres : elle crée un filtre à travers lequel les lire et les comprendre. Par là, elle permet d'associer les images nouvelles à des catégories générales et familières.

Le spectateur informé se reconnaît souvent grâce à un tic quelque peu agaçant, celui de faire de toute visite au musée un jeu d'identification : « Tiens, une *Annonciation* ! », « Un tableau impressionniste ! », « Hum, voilà certainement un Seurat ! ». Petit frisson au moment de vérifier son hypothèse en jetant un œil sur le cartel ; petit plaisir de faire de l'image une surface à décoder.

Aussi ces spectateurs préfèrent-ils souvent les expositions d'artistes et de mouvements connus : elles permettent de tester leurs connaissances, de les affiner. À défaut de repères clairs, de catégories auxquelles associer les images nouvelles, ils hésitent[2]. Ils ne sont pas certains de ce qu'ils doivent y voir, de ce qu'ils doivent en faire. Mais dans cette appréhension érudite des œuvres d'art, s'oublient la nature affective de l'expérience des images et leur capacité à nous émouvoir.

Si les programmes éducatifs des musées incitent les enfants à exprimer ce que les œuvres d'art évoquent, ce qu'elles provoquent en eux, ces approches sont trop souvent abandonnées dès que ces jeunes sont en âge d'être initiés à l'histoire de l'art. L'expérience affective des images se voit alors remplacée par un plaisir érudit, intellectualisé, savant.

Notons-le, la résistance s'organise. Certains musées, ces dernières années, ont porté une attention particulière à la réception affective et subjective des images qu'ils présentent : ils commencent à la défendre et la revendiquer. À rendre le spectateur sensible à ce qui s'opère en lui, ces institutions légitiment ces réactions (ces émotions, ces ressouvenirs, ces désirs que les images stimulent) et ainsi participent de leur déploiement. Nous espérons, modestement, que les pages qui suivent sauront en faire de même, et participer à ce mouvement naissant.

*

L'histoire de l'art pense les œuvres comme des objets à interpréter. Leur sens, leur signification, leur portée ne sont pas donnés, mais *codés*. La surface des images est une énigme : énigme difficile, en ce que le temps nous sépare désormais des références qu'elles impliquent, du sens et de la valeur qu'on leur attribuait ; énigme ambiguë, aussi, en raison de leur apparente transparence de lecture.

Cette exigence interprétative tire son origine de certains de ses premiers objets d'étude : durant la Renaissance et la période classique, les artistes ont fait de l'œuvre non seulement un moyen de représenter une histoire ou le monde perçu, mais aussi un lieu de réflexions sur la représentation même. Ils en ont fait une manière d'interroger les conditions fictionnelles, leurs limites, leurs possibilités. Comme le formulait Louis Marin à propos de la peinture classique : « Le discours de représentation comporte une dimension spécifique par laquelle il se réfléchit lui-même comme représentation[3] ». Ce second degré de l'œuvre d'art, cette *autoréflexivité* a incité les historiens de l'art à faire de l'image un défi interprétatif où il fallait identifier les clins d'œil de l'artiste aux œuvres de son temps, les libertés prises par rapport aux références littéraires de l'œuvre, voire les réflexions esthétiques de l'artiste sur le geste pictural même[4].

Une telle perspective aura survécu aux transformations de l'objet d'art pour gagner en ambition avec la modernité. L'œuvre contiendrait bien davantage que ce qu'elle manifeste au premier regard et, à force de l'interpréter, il serait possible de comprendre l'époque et le contexte social, économique, psychique, lui ayant donné naissance. Toutes les approches de l'histoire de l'art conservent désormais cette perspective herméneutique. Et pour cause : elle est riche et féconde ; elle produit des résultats. Le cumul de ces résultats nuance la lecture obvie des œuvres d'art, et permet à l'historien de l'art de les contextualiser. Cette perspective savante et universitaire s'est progressivement répandue à l'ensemble des discours sur l'art, descendant des études savantes vers les textes et les outils d'introduction à l'histoire de l'art : elle a lentement gagné les pages des guides d'introduction et celles des ouvrages de synthèse, les textes de salles d'exposition et leurs cartels, la voix des guides de musée… jusqu'à laisser sa marque au creux du regard des amateurs.

Si l'érudition est essentielle pour le champ de la recherche, bien évidemment, rien n'obligeait à ce qu'elle devienne la perspective d'autorité, la perspective autorisée, voire la perspective *générale* sur l'œuvre d'art. David Freedberg en fait déjà le diagnostic en 1998 :

> Nous avons été tellement formés à un type bien particulier de critique esthétique que, dans un musée, nous nous fermons aux éléments de base de la connaissance et du désir, ou bien nous ne les admettons qu'avec réticence. […] Le spectateur cultivé ou l'intellectuel sont plus aptes à élaborer ce type de réponse, même s'il leur arrive de ressentir obscurément que les racines psychologiques s'enfoncent plus avant ; mais ces racines, nous préférons les garder ensevelies, à moins que nous ne soyons simplement incapables de les exhumer[5].

À contempler ces œuvres, que ce soit dans un musée, un catalogue ou une revue, le spectateur n'en est pas moins parcouru de désirs, de souvenirs, d'émotions, mais ceux-ci semblant ne pas trouver écho dans les discours et au sein des institutions présentant ces œuvres, ce dernier finit par les croire inappropriés. Aussi pourra-t-il préférer se tourner vers le cinéma, vers les séries télé, voire vers les jeux vidéo, autant de champs où cette réaction subjective apparaît comme la porte d'entrée naturelle du régime fictionnel, autant de champs légèrement méprisés – c'est-à-dire considérés comme « populaires » – en raison même de cette part accordée à l'affect dans leur réception. Pourquoi un tel mépris du pouvoir d'évocation des images ?

*

L'image doit sa capacité à stimuler les souvenirs et les désirs, à faire rêver, à sa nature *imitative* : l'image ressemble à ce qu'elle désigne. Pas toujours à s'y méprendre, certes, mais au moins un peu, et c'est ce minimum de ressemblance qui fait d'une chose une image. C'est aussi cette ressemblance qui nous incite à percevoir ces images, à les éprouver, parfois, comme si nous étions face à ce qu'elles représentent[6]. De là provient leur singulière force, leur menace aussi : elles pourraient inciter à des comportements dangereux, nous détourner du réel et nous plonger dans des univers d'illusions. Platon déjà, dans la *République*, pensait le formidable pouvoir de méprise de l'image et sa contagion comme le nouveau chant des sirènes. À notre époque, les images paraissent même utiliser ce pouvoir de captation de notre attention pour nous plonger plus profondément encore dans la société de consommation.

L'une des réponses à cette menace et l'une des manières de réhabiliter les images tient donc à nier leur nature ressemblante, et à souligner au contraire tout ce qu'elles doivent aux conventions, aux règles qui ont présidé à leur création. On insiste sur les médiations – techniques, culturelles, sociales – entre l'image et ce qu'elle représente, allant jusqu'à préférer ne voir dans la ressemblance qu'une illusion[7]. Nelson Goodman, philosophe analytique dont l'influence est considérable sur la philosophie de l'art, notait par exemple : « la représentation réaliste ne repose pas sur l'imitation, l'illusion ou l'information, mais sur l'inculcation. [...] le réalisme est affaire d'habitude[8] ». Les images ne seraient donc pas douées d'un inquiétant et mystérieux pouvoir de contagion, d'illusion ou d'empathie : elles ne seraient que des créations profondément humaines.

Or, si les images ne sont que des objets parfaitement conventionnels, naît alors l'espoir d'entretenir face à elles, par la simple force de notre pensée rationnelle, par notre pouvoir de contextualisation, par notre érudition, une distance critique. Plusieurs l'ont cru et ont prétendu que leur pouvoir mimétique et imitatif, que leur force de fascination, ne s'exercent que sur les crédules : les enfants se laissent séduire par les images et prennent plaisir à les confondre avec la réalité[9]. L'esprit mature – tête froide et regard clair – sait se détacher de ces illusions et voit l'image comme ce qu'elle est : un ingénieux artifice de la main de l'homme.

Pierre Bourdieu soulignait déjà, il y a cinquante ans, les luttes entourant le regard sur l'art et sur l'image. Il notait qu'entre les goûts de l'esthète et les goûts populaires passe une distinction où le premier veille à se refuser tout plaisir lié au pouvoir illusionniste des images… auquel succombe le second[10]. Jean-Marie Schaeffer synthétise habilement la pensée bourdieusienne :

> Puisque les effets mimétiques sont censés être « faciles », voire « vulgaires », le discours antimimétique est aussi un discours de la distinction. […] [Dans] le domaine de la réception, il nous permet de disqualifier comme non pertinent tout mode de réception qui construit les œuvres comme des modèles mimétiques, […] alors qu'il conviendrait de se défaire de toute « illusion référentielle » afin d'accéder à la pureté artistique des œuvres[11].

Le plaisir savant des images est toujours un plaisir au second degré, un plaisir se détournant de leur nature analogique.

*

Le mépris de la force affective des images est souvent accompagné de la prétention de leur inutilité : être ému par les images n'apporterait rien, tout au plus inciteraient-elles à fuir notre condition plutôt qu'à la changer ; à consommer plutôt qu'à vivre. Les images répondent pourtant à certains besoins essentiels : elles nous font apprendre, nous défoulent et nous apaisent, elles stimulent notre mémoire, nos sens, nos émotions, nos désirs, elles nous permettent d'explorer nos tensions internes. Leur nature fictionnelle sait ouvrir la porte de notre vie intérieure mieux que ne le fait notre vie quotidienne. Telle est d'ailleurs le plus souvent la raison pour laquelle nous les fréquentons. C'est ce pouvoir mémoriel et affectif des images qui nous intéressera ici.

Nous tenterons de comprendre ce qui opère en nous lorsque nous regardons les images : la manière dont elles ravivent nos souvenirs, nourrissent nos fantasmes, la force avec laquelle elles nous ébranlent et nous défoulent, leur pouvoir à lever le voile sur certains pans de notre vie intérieure. Or, ces mécanismes mémoriels et affectifs sont difficiles à cerner par la simple introspection : comment suivre le fil de nos réactions émotives, comprendre ce qui les a causées ? Comment comprendre tout cela, alors qu'un large pan de ces réactions échappe à la conscience ?

Depuis près d'un siècle, la psychologie de la perception, les sciences cognitives et plus récemment la neurobiologie décrivent et analysent cette appréhension subjective des images. Elles éclairent les conditions psychologiques et biologiques de leur perception, leurs effets de présence. Si ces mécanismes sont rarement évoqués en histoire de l'art, ils expliquent pourtant notre plaisir commun des images, notre désir de les fréquenter, voire ce que nous y trouvons[12]. Tel est le premier objectif de notre ouvrage : introduire, le plus simplement et le plus modestement possible, à ce qui vibre en nous lorsque nous les observons.

À présenter les mécanismes subjectifs impliqués dans notre réception des images, nous souhaitons leur donner une certaine forme de légitimité. Tel est, au fond, notre second objectif. Être sensible à un phénomène, lui accorder du temps et de la valeur, permet de le laisser fleurir, de le vivre pleinement[13]. Il est grand temps de développer face aux images un rapport personnel, intime, singulier, comme nous avons plus naturellement tendance à le faire avec les romans.

L'histoire de l'art devrait en effet prendre exemple sur la littérature qui s'est donné, depuis quelque temps déjà, les moyens de réfléchir sur une réception subjective des images, celles-là littéraires : en leur donnant vie. Déjà dans les années 1960, Roland Barthes a pu rappeler « le plaisir du texte » et autoriser une lecture personnelle et décomplexée du roman. Il notait par exemple : « Ce que je goûte dans un récit, ce n'est donc pas directement son contenu ni même sa structure, mais plutôt les éraflures que j'impose à sa belle enveloppe : je cours, je saute, je lève la tête, je replonge[14]. » Pour Barthes, non seulement le texte ne prend sa *valeur* qu'à travers cette appréhension subjective, mais il y trouve aussi, et peut-être plus fondamentalement, son *sens*. Si les intentions de l'auteur articulent le sens du texte au projet dont ce dernier est le résultat, c'est dans ses effets sur le sujet que la signification du texte viendra véritablement s'établir[15].

Plus récemment, Pierre Bayard, avec une savoureuse ironie, a lui aussi rappelé la nature ouverte et jouissive de notre fréquentation des romans ; il a de même valorisé une réinterprétation des textes s'émancipant même du sens proposé par l'auteur. Il a suggéré – sourire en coin – qu'à l'aune des événements racontés dans ces romans et des silences du narrateur, il est possible de créer de nouvelles trames narratives. Une telle proposition est particulièrement séduisante et amusante pour les romans policiers. Bayard a par exemple proposé, pour *Le Meurtre de Roger Ackroyd* d'Agatha Christie et *Le Chien des Baskerville* d'Arthur Conan Doyle, de nouveaux coupables[16]. Trop rarement on a légitimé une approche personnelle, intime, jouissive, voire réflexive des images[17].

À nous intéresser aux réactions que les images induisent, nous procéderons à un recadrage essentiel : ce n'est pas d'art dont il sera question ici, du moins pas uniquement, mais plus simplement d'images. Sonder la catégorie des images permet d'embrasser des objets culturels très divers – le cinéma, les jeux vidéo, les œuvres plastiques – sans avoir à se soucier d'une hiérarchie des pratiques, voire des effets des images en fonction de leur « valeur d'art ». On peut pleurer face à une installation vidéo autant que devant un film, on peut s'immerger dans un jeu vidéo autant que dans une peinture ; se laisser séduire par une publicité autant que par une chute de reins sculptée au XVIIe siècle ; admirer la nature formelle d'une bande dessinée autant que d'un bronze ancien. L'image, ici, sera notre guide.

Une réserve, néanmoins : la photographie ne sera que rarement abordée. Sa condition singulière d'empreinte – la photographie est traditionnellement l'impression de la lumière sur une surface sensible – interroge souvent la nature fictionnelle de l'image et ouvre à des conséquences perceptives, mémorielles, émotives et éthiques qui méritent d'être analysées spécifiquement. Si les pages qui suivent impliquent souvent la photographie, elles se font surtout un socle plus général sur lequel sa singularité pourra être posée – ultérieurement[18].

*

Comprendre le pouvoir affectif des images implique, dans un premier temps, de comprendre la manière dont nous les percevons. Si les images sont analogiques et ressemblent à la réalité, c'est d'abord et avant tout car elles font partie de cette réalité même : les outils de réception des images ne sont pas différents des moyens que nous employons pour appréhender le reste de notre expérience sensible. Voilà bien pourquoi l'image peut nous méprendre : elle sait imiter, non pas la réalité, mais notre perception de celle-ci.

Certes, nous sommes rarement bernés par les images : les parfaits trompe-l'œil sont rares. Et pourtant, même à savoir que nous sommes face à une représentation, nous nous laissons aller à ce qu'elles représentent. Nous avons appris à savourer, à plonger dans la fiction, dans un investissement émotif qui n'est ni celui de la parfaite absorption – dans un film d'horreur, nous ne nous sentons pas réellement en danger de mort –, ni celui de la parfaite mise à distance. Le « cadre fictionnel » et l'ensemble des rituels impliqués dans l'appréciation des images permettent de faire abstraction des imperfections de l'imitation et de suspendre, pour reprendre la formule de Coleridge, notre incrédulité (chapitre 1).

Or, cette force d'évocation de l'image est fondée sur sa capacité à ressembler à quelque souvenir. L'image imite notre perception de la réalité, et comme toute perception, elle ne devient compréhensible qu'à toucher notre mémoire, qu'à nous rappeler un objet, une catégorie, une expérience familière. L'image dépend de nos connaissances pour être compréhensible : et c'est à l'aune de notre mémoire sémantique que nous reconnaissons les objets et les figures représentés dans un tableau. C'est grâce à cette mémoire sémantique que nous savons reconnaître le motif d'un tableau, le mouvement auquel il appartient, le style d'un artiste, etc. Et pourtant, les images ne font pas que stimuler nos connaissances, elles sont un remarquable levier à souvenirs ; elles savent nous replonger dans notre propre histoire : ce papier peint, par exemple, me rappelle soudain la maison de mon enfance et les moments heureux que j'y ai vécus. Les images sont de véritables hameçons à souvenirs : il faudra saisir ce remarquable pouvoir, fondant leur force émotive (chapitre 2).

Contrairement à ce que soutiennent certains philosophes contemporains, nos réactions affectives aux images ne sont pas toujours personnelles, uniques et singulières. Qui nierait que la mer étale, son roulis, son mouvement, nous apaise ? Que le noir est une couleur plus mélancolique que le jaune ? Ces effets affectifs partagés et transculturels, car fondés sur des expériences communes, les artistes les emploient depuis fort longtemps, sans pourtant que l'histoire de l'art s'y soit réellement intéressée. Or, les recherches récentes en neurosciences apportent un éclairage sur ces « métaphores primitives », de même que sur les mécanismes responsables de l'empathie. Elles offrent des pistes pour comprendre la manière dont un tableau, pourtant vieux de plusieurs siècles, est capable de nous replonger dans l'émotion éprouvée par le sujet représenté (chapitre 3).

La publicité ne cesse de nous le rappeler, l'image sait stimuler nos désirs, réveillant parfois un manque dont nous étions ignorants. Mais plus encore, nos désirs et nos fantasmes mêmes sont des images : il est impossible de désirer sans qu'une image mentale ne se manifeste à la conscience, une image représentant l'assouvissement de ce désir. Voilà bien pourquoi les images sont si puissantes à nous défouler, à nous exciter, à nous faire rêver : elles sont la matière même de nos désirs. En cela, elles nous permettent de vivre nos émotions et nos fantasmes par le biais de la fiction, elles s'en font la *catharsis*. Elles nous offrent un moyen de nous libérer de nos tensions. À l'exprimer, elles permettent même d'apercevoir notre vie affective et émotive, voire – qui sait ? – de la comprendre (chapitre 4).

Nous fréquentons certes les images en raison de leur capacité à stimuler nos désirs ou à nous faire vivre des émotions. Mais nous les fréquentons, tout aussi bien, car elles sont dotées du pouvoir d'ouvrir une brèche dans notre vision du monde. Une image peut soudain nous aider à mieux comprendre le monde qui nous entoure, incliner l'orbite de nos valeurs et de nos aspirations. L'image, même au cœur d'une époque fort peu contemplative, sait nous offrir des expériences nouvelles ; elle sait nous bouleverser (chapitre 5).

CHAPITRE 1

Qu'est-ce qu'une image ?

> La psychanalyse dit ainsi que l'image, loin de nous laisser hors de cause et de nous faire vivre sur le mode de la fantaisie gratuite, semble nous livrer profondément à nous-mêmes.
>
> MAURICE BLANCHOT,
> *Les Deux Versions de l'imaginaire.*

Les images nous amusent ou nous attristent, nous excitent ou nous bercent, en ce qu'elles savent stimuler notre vie intérieure. Elles se font des quasi-perceptions, des représentations dont nous oublions souvent la nature artificielle afin de mieux nous plonger dans ce qu'elles représentent. À bien y penser, c'est souvent moins le tableau qui nous bouleverse, que le paysage qu'il représente ; moins la sculpture, que le corps qu'elle incarne. Comprendre ce formidable pouvoir de présence – cet étrange oubli – exige de saisir les mécanismes de notre perception des images. Car tout commence par là.

Nous sommes immergés dans les images. Elles nous sollicitent sur nos appareils électroniques, sur ces publicités tapissant nos magazines et nos villes ; elles nourrissent nos rêves et nos désirs. Omniprésentes dans notre intimité et dans notre vie sociale, nous croyons savoir, comme intuitivement et sans y penser, ce qu'elles sont. Or, l'image est une tache aveugle de la pensée contemporaine : condition même de notre culture, de notre société de loisirs, nous la prenons pour acquise, comme si cette cohabitation était signe de compréhension. Même les discours sur l'omniprésence des images dans notre société occidentale, rappelant la menace qu'elles représentent, laissent le plus souvent entière la question de leur nature, et des moyens qu'elles emploient pour nous toucher.

L'image et l'écrit

L'une des voies efficaces pour appréhender la *nature* des images tient à s'interroger sur ce qui les distingue du langage écrit. Semblant ressembler à ce qu'elles désignent, les images paraissent des signes plus naturels que les mots. Est-ce vrai ? La facilité des enfants à comprendre les dessins ou notre capacité à reconnaître les référents d'images provenant d'autres cultures, prouvent-elles qu'elles sont moins conventionnelles le langage écrit ?

Ma fille de trois ans ne sait ni lire, ni écrire. Toutefois, lorsque je lui présente la célèbre *Laitière* de Vermeer (fig. 1), elle y reconnaît une femme versant du lait dans un pot ; elle identifie à gauche de l'image une fenêtre ; elle présume que dans le panier posé sur la table se trouve un pain. Bien des choses lui échappent dans cette image, bien sûr : elle me demande ce que cette femme a sur la tête, ce qu'est l'objet métallique accroché au mur, et croit reconnaître, au sol, une boîte à musique. Malgré tout ce qu'elle ignore de cette image, elle y distingue correctement de nombreux référents. Comment expliquer, déjà, ces premières reconnaissances ?

Certains répondront que cette capacité à comprendre les images est acquise, que les modes de représentation des images n'ont que très peu changé en Occident dans les derniers siècles. Ils souligneront que comprendre un tableau renaissant ou un dessin animé implique essentiellement les mêmes codes fondamentaux : même recours aux ombres pour créer le modelé, à la perspective géométrique et à son point de vue pour évoquer la troisième dimension, etc. Ces règles et ces codes ne trouveraient aucun ancrage dans la nature : l'image serait le fait de conventions plus simplement et plus rapidement acquises que celles organisant le langage écrit. Comme le dira par exemple Nelson Goodman :

> La ressemblance n'est d'ailleurs nulle part nécessaire pour la référence ; presque tout peut valoir pour presque n'importe quoi d'autre. [...] La vision la plus ascétique et la vision la plus baroque, de même que le portrait réaliste et la caricature au vitriol, diffèrent seulement par la nature, mais non par la grandeur de l'interprétation[1].

Il ne faudrait voir entre l'image et l'écrit qu'une différence de degré, et non de nature.

Ces arguments, bien qu'insatisfaisants pour le sens commun, sont difficiles à contredire. Il est en effet impossible de faire abstraction de notre condition symbolique et sociale qui toujours travaille nos comportements et nos perceptions, même au plus jeune âge. Mais plaçant l'image et l'écrit dans la même catégorie, ces thèses relativistes font abstraction d'un contre-exemple fascinant : les animaux. Si, comme on le croit souvent, ils étaient capables de percevoir des images, ils mettraient à mal la thèse de leur artificialité.

Zeuxis : les raisins de la colère.

La croyance voulant que les animaux puissent être trompés par les images est fort vieille. Pline l'Ancien, au premier siècle de notre ère, la présumait déjà dans ses *Histoires naturelles* :

> [Zeuxis] eut pour contemporains et pour émules Timanthès, Androcyde, Eupompe, Parrhasius. Ce

dernier, dit-on, offrit le combat à Zeuxis. Celui-ci apporta des raisins peints avec tant de vérité, que des oiseaux vinrent les becqueter ; l'autre apporta un rideau si naturellement représenté, que Zeuxis, tout fier de la sentence des oiseaux, demanda qu'on tirât enfin le rideau pour faire voir le tableau. Alors, reconnaissant son illusion, il s'avoua vaincu avec une franchise modeste, attendu que lui n'avait trompé que des oiseaux, mais que Parrhasius avait trompé un artiste, qui était Zeuxis[2].

Étrangers à l'ordre symbolique qui régit les hommes ainsi qu'au sens de l'œuvre, ces oiseaux ont perçu dans l'image ce qu'elle indique, des raisins.

Simple mythe, auront répondu certains. Une fable, diront d'autres. Le récit de Pline ne serait qu'une histoire décrivant bien davantage les fondements de l'esthétique antique, que ceux de la perception animale. Et pourtant, puisqu'elle semble impliquer une situation concrète, cette histoire a soulevé de très vifs débats dans le champ des sciences de l'homme. Elle a été considérée comme un contre-argument fâcheux pour ceux prétendant à la nature conventionnelle de l'image, un contre-argument exigeant une réponse. Depuis les années 1980, se sont multipliées les répliques à la « thèse » plinienne.

Certains ont ainsi revendiqué – à l'encontre même de l'histoire plinienne – que de tels trompe-l'œil ne peuvent berner que les animaux, les hommes ne se laissant jamais tromper de la sorte. Danièle Cohn soutient par exemple, à l'encontre même du texte antique : « [...] que les pigeons de l'anecdote antique picorent des raisins peints par Zeuxis ne prouve rien. [...] Le trompe-l'œil le plus admirable ne provoquerait jamais un tel comportement chez l'être humain[3] ». D'autres, à l'inverse, prétendent que les animaux ne réagissent pas aux images : ce que nous méprenons pour une réaction tiendrait plutôt à la projection de modes de pensée humains sur les animaux[4].

D'autres enfin ont soutenu que le trompe-l'œil, fondé uniquement sur la méprise, ne doit pas être considéré comme une image, mais comme un leurre : il ne s'arracherait pas du réel pour le représenter, mais en ferait directement partie. W. J. T. Mitchell souligne : « Quand un canard répond à un leurre ou que les oiseaux picorent les raisins des peintures légendaires de Zeuxis, ils ne voient pas d'images, ils voient d'autres canards ou de vraies grappes de raisin – les choses elles-mêmes et non pas des images de ces choses[5] ». Il faudrait en cela exclure les animaux de tout débat sur les images et leurs pouvoirs, en ce qu'ils sont justement bernés par celles-ci[6]... Mitchell nous offre là un petit bijou de rhétorique.

« Et pourtant, elle tourne »... Les recherches en éthologie et en biologie confirment depuis une quarantaine d'années et d'innombrables façons l'anecdote antique – et, faut-il le dire, le sens commun. Les animaux sont bernés, voire même stimulés par des images qu'ils méprennent pour ce qu'elles représentent : les oiseaux par les épouvantails, les chiens par la télévision (numérique), les singes par des dessins, les rats par des représentations. De telles capacités de reconnaissance ne sont pas uniquement l'apanage des mammifères et des oiseaux, même les insectes, les poissons et les araignées en sont dotés. Dans les années 1990, David L. Clark et George W. Uetz prouvaient que certaines variétés d'araignées reconnaissaient sur des images vidéo leurs proies et réagissaient à ces images – pourtant de faible qualité – de manière similaire, mais avec une intensité moindre qu'en présence physique de ces proies[7].

Ironiquement, la biologie et les sciences cognitives s'intéressent désormais assez peu à ce problème : démontré, résolu, les chercheurs en tirent les conséquences et les mettent à l'emploi méthodologiquement pour mener d'autres recherches. On ne compte plus les études recourant à des images plutôt qu'à des stimuli réels pour tester la réaction des animaux à des objets, à des formes. La raison en est simple : la ressemblance et l'imitation constituent les mécanismes de base de la perception de la réalité ; et l'image en est, ontologiquement, *constituée*. Voilà bien pourquoi les chercheurs n'hésitent plus à recourir à ce moyen pour tester les réactions des animaux, tout comme celle des hommes[8].

L'image aurait donc un statut particulier en ce qu'elle serait fondée sur la ressemblance. Mais comment un objet, une surface souvent immobile, peut-elle effectivement ressembler au monde qui nous entoure ? Pour le comprendre, il nous faut retourner aux bases de la sémiotique.

Sémiotique de l'image

Imaginons qu'arrivant dans un quelconque hôtel de région, j'envoie un courriel à l'un de mes amis où je lui précise : « On trouve au pied de ma fenêtre un *Chamaecyparis*. Charmant, non ? » Pour lui, la chose n'est peut-être pas si charmante, surtout s'il ne connaît pas la signification du mot *Chamaecyparis*. Peut-être pourrait-il présumer, en raison de la consonance du mot, voire de mon *italique* – je suis un épistolaire consciencieux – qu'il s'agit d'une plante, voire d'un arbre. Peut-être puisera-t-il dans ses bases de grec pour reconnaître dans *cyparis*, le mot « cyprès », et dans *chamae*, l'expression « à terre ». Cela dit, il devra sans doute se rabattre sur Wikipédia pour comprendre qu'il s'agit d'un conifère au final assez commun. Telle est la limite du langage écrit : rien dans le mot *Chamaecyparis* ne ressemble à l'arbre que j'ai eu sous les yeux.

La chose a souvent été répétée, la relation du mot à ce qu'il désigne est *conventionnelle* ; elle est le fruit d'un code, d'une norme linguistique que nous avons apprise. Cette relation est contingente : il est plusieurs manières, selon les langues, de dénoter une même réalité. Pour décrire cette réalité que nous nommons arbre en français, nous aurions dit *Baum* en allemand et *tree* en anglais. Cette artificialité, cette contingence, cette conventionalité n'empêchent pas le langage de se faire un formidable moyen pour imaginer, pour stimuler les sens. Il reste que ce moyen de communication, d'un strict point de vue sémiotique, est parfaitement arbitraire[9]. Il implique l'existence d'une règle partagée, commune, symbolique, non pas déjà pour signifier, mais simplement pour désigner.

Je reprends la lettre que je suis en train d'écrire et, à côté du mot *Chamaecyparis*, je dessine un cône assez long, pointant vers le haut, à la texture irrégulière. Je m'essaie ensuite, maladroitement, à mettre de la couleur sur mon dessin, un peu de vert, de bleu et de brun, pour représenter le coloris de l'arbre. Contrairement au langage écrit, ce dessin ressemble et entretient une relation analogique à ce qu'il désigne. Bien sûr, il ne représente cet arbre que de façon schématique – et gauchement –, qu'à l'aide de quelques traits et de touches de couleurs ; il s'agit pourtant d'une image dans la mesure où cette ressemblance opère, ne serait-ce que minimalement. Il s'agit d'une image dans la mesure où les proportions, les couleurs, les formes sont essentiellement respectées. À être suffisamment détaillé, à posséder assez de traits ressemblants, ce dessin pourra décrire non seulement « un » arbre, mais « cet » arbre que je vois de ma fenêtre.

Certes, la ressemblance de l'image, même dans le cas d'un trompe-l'œil, n'est jamais parfaite, ni totale, sans quoi nous parlerions de double, de clone : elle est partielle, partiale et ne vaut que d'un certain point de vue. Cette ressemblance n'empêche pas, non plus, qu'une part de l'image puisse communiquer de façon symbolique et conventionnelle.

Comme le rappelle Charles Sander Peirce, la ressemblance – qu'il nomme pour sa part « icône » – désigne non pas un état, mais une qualité relationnelle entre deux choses, deux situations ; une chose ne ressemble à une autre qu'à l'aune de certaines conditions. À bien y penser, l'image, surface bidimensionnelle, souvent petite, partielle, ne conserve que bien peu des caractéristiques de la chose qu'elle représente. Elle s'efforce pourtant – minimalement – d'en garder la forme et les proportions.

Le choix de ces caractéristiques qui sous-tendent la ressemblance est parfois le fait d'une convention, d'où la possibilité de ressembler sous de multiples rapports : un paysage ou un relevé topographique ressemblent tous deux à un même territoire, mais chacun de manière différente et en vertu d'une analogie particulière[10].

De même, que les images soient fondées sur la ressemblance n'exclut pas qu'elles puissent exprimer un message, un sens symbolique. En cela, rappelons la distinction éclairante de Peirce, entre le référent de l'image et sa signification. Le *référent* définit ce à quoi l'image renvoie, la chose ou la forme qu'elle représente : c'est cette relation entre l'image et son référent qui est iconique et fondée sur la ressemblance. Dans la lettre à mon ami, le référent est ce *Chamaecyparis* au pied de ma fenêtre. L'*interprétant* (que plusieurs appellent la signification, ou le signifié), de son côté, définit plutôt la signification que cette représentation revêt pour un individu : cette correspondance entre l'interprétant et l'image est traversée de conventions. Dans le cas de la lettre à mon ami, si le référent de mon dessin est bel et bien l'arbuste *Chamaecyparis*, la signification de ce dessin demeure sans doute ambiguë. Pourquoi lui avoir envoyé un tel dessin ? Que voulais-je lui dire ? Lui rappeler les arbres de notre enfance ? Lui suggérer un conifère pour son jardin ?

Je reconnais sur un panneau routier le profil d'un cerf au galop, inscrit dans un triangle rouge (fig. 2). Une course de cerfs à proximité ? Une suggestion poétique visant à nous inciter à imaginer, dans ce beau paysage, des cervidés ? Le triangle représente-t-il le réticule d'un fusil et nous indique-t-il que la chasse aux cerfs est permise ?

Le fait de reconnaître un cerf et un triangle rouge ne me dit rien de la raison pour laquelle ils ont été représentés, ni de ce que cette représentation signifie. Si ce panneau vise bel et bien à m'avertir, il ne le fait qu'à renvoyer à un code signalétique spécifique : impossible d'être averti sans saisir ce code. Il me faut connaître la convention sur la signalisation routière de Vienne, signée en 1968 – et les passionnants arrêtés français de 1977, apportant de cruciales précisions – pour savoir que le triangle rouge sur fond blanc désigne un danger. Il me faudra aussi connaître ce code pour comprendre que le cerf vaut – et on pourrait s'en étonner – pour l'ensemble des animaux sauvages. Il me faudra enfin connaître ce code pour comprendre qu'il indique la proximité d'un passage d'animaux sauvages à environ 150 mètres en rase campagne… mais à 50 mètres en ville. Nous voilà informés. On l'aura compris, rien de la *signification* de ce panneau ne tient de la ressemblance, et comprendre une image n'a pas grand-chose à voir avec le fait d'en identifier le *référent* – ici, notre gentil cerf.

Un dernier exemple : si je peux aisément identifier, dans le tableau *Christina's World* (1948) d'Andrew Wyerth (fig. 3), une femme habillée d'une robe rose à l'avant-plan, rampant dans l'herbe, si je peux apercevoir à l'arrière-plan une maison et une grange, si je peux même noter les bras rachitiques de la femme et le sentiment que ses jambes ne semblent pas la porter, toutes ces informations, tenant du référent de l'image, ne me disent rien du sens de cette représentation, ni du message qu'elle tente de transmettre. Rappelons-le : si la question du référent rappelle la condition ressemblante de l'image, sa signification tient pour sa part à sa nature signifiante, et donc symbolique.

Peirce nommait ces images complexes où se nouent convention et imitation, symbole et icône, des *hypoicônes*. Il notait : « Toute image matérielle, comme un tableau, est largement conventionnelle dans son mode de représentation ; mais en soi, sans légende ni étiquette, on peut l'appeler une hypoicône[11] ». « Hypoicône », car ces images sont d'abord interprétables – si on leur enlève leur légende et leur étiquette – par le biais de leur ressemblance[12]. Cette ressemblance peut être ténue, faible, exiger un effort d'interprétation pour être perçue, elle est néanmoins la condition même de ce que nous nommons « image » et, nous le verrons, la source de son pouvoir à nous émouvoir.

Une des clefs pour comprendre ces mécanismes imitatifs, leurs limites et leurs pouvoirs de présence, tient à rappeler une nuance fondamentale : ce pouvoir mimétique ne vient pas, à proprement parler, de la capacité de l'image à ressembler à la réalité. Cette dernière, s'il faut être parfaitement rigoureux, nous ne l'appréhendons jamais qu'à travers nos propres mécanismes perceptifs[13]. Ce n'est qu'à notre perception du monde que peut ressembler l'image.

Percevoir le monde, et l'image

Le monde, tel qu'il frappe nos sens, est un fouillis, un maelström visuel. Nous évoluons dans un univers en perpétuelle transformation : les couleurs, les ombres des objets que nous voyons s'interpénètrent, bavent les unes sur les autres ; les frontières entre les choses vues tremblent ; la vision périphérique est inconsistante ; le mouvement de notre propre corps brouille toute perception. Le cerveau pourtant stabilise cette expérience chaotique, il distingue les objets et simplifie la forme. La vision périphérique conserve les informations de la vision focale bien après que nous ayons détourné notre attention, elle crée une continuité dans le papillonnement de notre vision.

Même notre propre mouvement se voit anticipé par notre cerveau et ainsi minimisé lors de notre perception[14].

Percevoir, c'est ainsi traiter continuellement la réalité pour lui donner une nature compréhensible, organisable. En cela, les processus à l'œuvre sont les mêmes dans notre appréhension de l'image que dans l'appréhension du monde. Nous n'avons qu'un seul système perceptif pour saisir la diversité des expériences visuelles que nous offre notre fréquentation du monde.

« *L'œil est une toile, et le cerveau un regardeur* »

Voir c'est reconnaître, c'est associer un stimulus à un souvenir et faire correspondre l'un à l'autre. Or, afin de rendre possible une telle reconnaissance, une telle association, de nombreux mécanismes de simplification, de stabilisation de la perception sont nécessaires. Ces mécanismes, arrachant les formes du fond dont elles proviennent, éliminant une bonne partie du *bruit* associé aux mouvements de notre propre corps, sont un ensemble de recadrages que nous opérons afin de ne pas être débordés par notre propre expérience du monde[15]. Voir, c'est ainsi, et sans cesse, opérer des choix. Pour certains, ces recadrages, ces simplifications opérées par nos mécanismes perceptifs paraissent rappeler les simplifications dont l'image serait le produit.

Nombre d'auteurs auront ainsi prétendu qu'il existe une correspondance entre l'image et la manière dont nous percevons le monde, certains des mouvements artistiques ayant tenté d'expliciter, par l'image, cette appréhension. Dans *Sens et non sens*, Maurice Merleau-Ponty écrivait par exemple : « L'impressionnisme voulait rendre dans la peinture la manière même dont les objets frappent notre vue et attaquent nos sens[16]. » La formulation est belle, et sonne juste à propos de l'impressionnisme ; elle est pourtant fort ambiguë. La perception est un *processus* bien davantage qu'un moment et cette « manière même dont les objets frappent notre vue » se décline dans une série d'étapes, articulées les unes aux autres, mais nous échappant pour la plupart.

Ainsi, si l'on se fie à la forme concave de notre rétine, les objets apparaissent d'abord, sur celle-ci, inversés : le haut et le bas sont permutés, de même que la gauche et la droite. Les cellules responsables de capter cette lumière, cônes et bâtonnets, traduisent ensuite le stimulus lumineux pour le transporter à travers le cerveau jusqu'au lobe occipital (via le thalamus) : les mouvements et la couleur étant d'ailleurs traités séparément des formes. Ce n'est que dans le cortex visuel que les objets perceptifs sont recomposés, remis à l'endroit et contrastés, simplifiés.

Un tel traitement exige de comparer ces résultats visuels à notre mémoire perceptive, afin de comprendre ce que nous voyons. L'objet perçu stimule alors des régions variées du cerveau : la partie ventrale du cortex visuel gère la reconnaissance formelle et l'identification, tandis que la partie dorsale traite de la reconnaissance spatiale. Toutes ces informations prendront ensuite la direction du lobe frontal, responsable de la prise de décision et de la conscience. Ce n'est qu'à cette dernière étape que l'objet perçu sera unifié. La perception est ainsi un processus complexe et décentralisé, une série de transformations de l'univers visuel en une forme que nous saurons traiter, comprendre[17].

À retourner à la pensée de Merleau-Ponty, la question se pose naturellement : quel moment de cette correspondance entre l'image et la perception représenterait l'impressionnisme ? Celui où la lumière, dans toute sa diversité et ses équivoques, touche la rétine ? Ce moment où le travail perceptuel accepte le mouvement du monde avant de tenter d'en réduire le vertige ? Celui où les couleurs et les formes sont recomposées dans notre cortex visuel ? À regarder les tableaux de Cézanne auxquels pensait Merleau-Ponty lorsqu'il réflechissait sur l'impressionnisme, difficile de trancher. Quoi qu'il en soit, la citation de Merleau-Ponty touche une idée fondamentale : qu'une surface bidimensionnelle, parfois colorée, souvent statique, puisse ressembler au monde que nous percevons trahit bel et bien une correspondance entre l'image et nos mécanismes sensibles.

La rétine et l'image sont d'ailleurs, toutes deux, des surfaces bidimensionnelles, des surfaces sur lesquelles sont retranscrits le mouvement, la profondeur du monde, les modulations de couleur[18]. Prolongeant cette analogie, Arthur Shimamura rappelle d'ailleurs que tout se passe comme si l'œil se faisait *toile* et le cerveau *regardeur*[19]. En cela, nombre des caractéristiques de l'image – lignes séparant les formes, stabilité des couleurs, etc. – paraissent trouver leur écho dans la façon dont le cerveau met en place sa compréhension du monde[20].

En dernière analyse – et cet argument est central ici –, les images et le monde perçu sont traités de la même façon par le cortex occipital, responsable de la vue : si la distinction cognitive demeure le plus souvent claire, d'un strict point de vue perceptuel, les choses se brouillent. Tous deux apparaissent comme des stimuli visuels à interpréter, à décoder, à organiser à l'aune de nos souvenirs, de nos désirs et du contexte dans lequel nous nous trouvons. Voilà entre autres pourquoi, alors même que nous sommes tout à fait conscients d'être confrontés à une représentation, nous avons peur au cinéma, pourquoi nous sommes parcourus de désirs face à une représentation érotique, etc. Voilà pourquoi, même, méprenons-nous parfois l'image pour la réalité.

Lorsque l'image méprend

Après des années d'hésitations quant au statut de l'image, Umberto Eco se penchait de nouveau, dans son *Kant et l'ornithorynque*, sur la distinction fondamentale entre l'image et le signe écrit[21]. Dans son ouvrage, le philosophe italien attribuait aux images les plus mimétiques, les plus réalistes, le statut non pas de signe, mais de stimulus, et plus précisément de « stimulus de substitution[22] ». Pour lui, la distinction entre stimuli et signes est tranchée, et reprend des catégories que nous avons déjà croisées. Le signe, pour être compris, exige la présence d'une convention, d'une organisation de nature symbolique permettant de donner sens à sa forme. Pour reprendre notre exemple évoqué plus haut, que je sois capable d'associer le mot « arbre » et cet arbre matériel que je vois à ma fenêtre implique la présence d'une convention codée réalisant le passage du champ du signifiant à la catégorie indiquée par celui-ci. Le stimulus, pour sa part, n'aurait pas besoin d'un tel code pour être compris, d'où sa capacité – chez Eco aussi – à berner les animaux. Lorsque le chasseur recourt à un appeau pour appeler le gibier, ce dernier est berné non pas par un signe qu'il aurait interprété en vertu d'une convention, mais par un *stimulus*, justement.

On l'a vu chez Peirce, la plupart des images tiennent, concrètement et pratiquement, des deux catégories : elles sont à la fois signe et stimulus. Pour Eco, plus l'image est fidèle à la réalité qu'elle tente de décrire, plus elle suscite une réaction tenant du stimulus ; les réactions qu'elle produit sont donc analogues – bien que souvent un peu moins puissantes – à celles de l'objet réel. Eco écrivait d'ailleurs : « Et c'est en fonction de la façon plus ou moins satisfaisante dont ces stimuli de substitution se substituent aux stimuli effectifs que j'entendrai l'image comme une bonne approximation ou un miracle de réalisme[23]. »

Pour Eco, la chose paraît désormais évidente, les stimuli de substitution fonctionnent et sont efficaces à ressembler aux stimuli réels : ressemblance dans les sonorités ou les notes pour les appeaux ; ressemblance dans les couleurs, les formes ou les proportions pour les images[24]. Et en cela, il faut bien l'avouer, ces stimuli de substitution ne fonctionnent aussi bien qu'en ce que notre perception semble particulièrement tolérante ; notre volonté à organiser et à donner sens à ce que nous voyons implique un seuil de reconnaissance parfois assez bas, selon les circonstances et le type de stimulus[25]. Jean-Marie Schaeffer illustre cet argument de façon particulièrement claire :

> Le saumon qui conclurait que le gros poisson menaçant qui s'approche de lui ne peut pas être un requin, puisqu'il ne partage pas toutes ses propriétés avec celui auquel il avait échappé hier, ne ferait pas long feu ; mais celui qui choisirait systématiquement un comportement d'évitement dès lors qu'il rencontre un poisson, fût-ce une sardine, sous prétexte que quelque part cette sardine ressemble au gros poisson menaçant qui a failli le manger hier, ne s'en sortirait guère mieux[26].

Le désir, ou la vie de l'image

Les moments de confusion entre stimuli de substitution et stimuli réels rappellent que notre appréhension du monde est un processus largement contextuel et teinté par nos intérêts. Voilà pourquoi nous pardonnons bien des imperfections aux images : elles savent résonner sur nos désirs et nos peurs, leur ressembler.

La peur : l'un des moments où la ressemblance opère avec le plus d'efficacité – et parfois avec trop d'efficacité. Lorsque nous avons peur, le monde se fait le miroir de nos craintes. Georges Didi-Huberman décrit magnifiquement l'époque de la peste noire, où tout semblait un signe de la catastrophe à venir, tout semblait en indiquer la cause divine : étoile filante, pluie soudaine, marque sur le corps des pestiférés[27].

Gombrich, dans son fondamental *Méditations sur un cheval de bois*, synthétisait habilement :

> [la] reconnaissance automatique dépend, selon nous, de deux facteurs : la ressemblance et une incitation biologique agissant selon divers degrés d'intensité par préférence de l'un sur l'autre. L'incitation à la reconnaissance d'un objet sera d'autant plus forte que l'importance biologique de celui-ci sera plus grande, et les critères de reconnaissance formelle seront alors d'autant plus lâches[28].

On pourrait en cela se demander si les oiseaux de l'histoire plinienne se seraient mépris s'ils avaient eu le ventre plein, ou si l'image avait représenté un objet dont ils n'avaient que faire. C'est qu'il existe, entre le trompe-l'œil le plus parfait et une image à peine esquissée et schématique – tenant essentiellement du signe –, tout un spectre d'images capables, en raison de leur ressemblance, et même si elles ne sont pas confondues avec la réalité, de produire des effets de présence. La clef d'un tel effet tient à la capacité des images à solliciter nos désirs, notre mémoire, nos émotions.

Nous le verrons, la ressemblance ne marque pas uniquement le premier temps de la perception, elle ne se résume pas à une simple affaire de méprise : les processus de ressemblance ne visent pas qu'à méprendre. Au contraire, la ressemblance n'opère véritablement qu'une fois reconnue la nature artificielle de l'image et à travers cette artificialité. Un roman ne saurait nous méprendre sur sa nature artificielle, et pourtant, il est tout tissé de ressemblances et d'analogies : ce sont elles qui, ultimement, nous permettent de nous immerger dans son univers fictionnel et de le comprendre. Il en est souvent de même pour les images, dont toute l'expérience est traversée par la ressemblance.

La plupart du temps, nous percevons rapidement l'aspect artificiel d'une image, et pourtant la magie opère. Cette nature artificielle semble même nous permettre de nous investir dans l'image avec d'autant plus d'abandon et de plaisir que nous savons justement qu'elle n'est pas la réalité qu'elle dépeint : c'est à connaître son artificialité que nous acceptons de nous abandonner à ses pouvoirs, à ses analogies, à ses évocations, à son pouvoir de ressemblance. Il est des réactions, des investissements qui ne se réalisent pleinement que lorsque nous sommes conscients d'être dans le champ de la fiction.

Voilà bien pourquoi il ne faut pas opposer la nature ressemblante et la nature artificielle de l'image : ces deux conditions, plutôt que de se contredire, travaillent de concert, et participent de son pouvoir à nous affecter. Sa nature ressemblante nous permet d'accéder plus ou moins directement à son référent, tandis que sa nature artificielle nous offre une mise à distance aménageant un rapport spécifique à ce référent.

Cadrage et pacte fictionnel

> Imaginons-nous au cinéma. Le film s'ouvre sur une petite famille qui emménage dans une maison ancienne et retirée. Les enfants s'habituent à cette nouvelle demeure et à son dédale de pièces et de recoins en jouant à cache-cache. À chaque fois le même rituel : l'un des enfants se bande les yeux et les autres se cachent, puis donnent des indices sur leur position en tapant dans leur main : « tap-tap ».
>
> Les enfants endormis, Carolyn, leur mère, plie tranquillement les vêtements de la maisonnée. Au milieu du silence nocturne, elle entend au loin un bref rire, puis quelqu'un tape dans ses mains. « Tap-tap. »
>
> Étonnée de savoir ses enfants debout à cette heure, Carolyn enfile sa robe de chambre et part à la recherche

de l'origine des bruits. La caméra la suit de près dans les couloirs sombres de la grande maison, puis dans les chambres des enfants. Dans la pénombre et le désordre de cette nouvelle installation, la famille semble endormie. Elle prend le temps de border sa cadette.

Soudainement, les cadres du hall d'entrée et de l'escalier principal se décrochent, et tombent avec fracas. De nouveau, un rire d'enfant. La caméra se retourne sur Carolyn. Le regard fixe, elle descend l'escalier au milieu des éclats de verre. Elle fait le tour du rez-de-chaussée sombre et mal éclairé.

« Tap-tap. »

Elle se retourne rapidement.

— Qui est là ? », demande-t-elle.

Comme seule réponse, le tic-tac de la vieille pendule. Elle s'avance vers la cave, descend quelques marches. En bas, une ampoule allumée se balance au bout de son câble. Quelqu'un est passé par là. Au son de la pendule, s'ajoute maintenant celui d'une mélodie aiguë et dissonante.

Un petit rire enfantin, puis l'ampoule éclate. La jeune mère se retrouve plongée dans le noir. Gestes frénétiques pour trouver, dans sa poche, des allumettes. Elle en craque une première, qui se consume rapidement. Une deuxième enfin. Apparaît un fragile halo de lumière sur son visage terrorisé.

« Tu veux jouer à cache-cache ? », murmure une étrange voix d'enfant.

La mère est prise de tremblements. Elle gratte une troisième allumette. D'abord rien, puis soudainement, surgissant derrière elle de la pénombre, deux mains inconnues.

« Tap-tap. »

Puis le noir, de nouveau.

*

Presque malgré nous, notre cœur accélère, nos mains serrent les bras de notre siège, notre gorge s'assèche. Nous avons peur. Nous nous surprenons même à détourner légèrement le regard.

À ces moments, nous sourions intérieurement de notre naïveté ; nous ne sommes évidemment pas en danger. Nous sommes au cinéma, confortablement enfoncés dans notre siège ; nous savons bien que rien de tout cela n'est vrai. Et pourtant, quelque chose en nous n'est pas rassuré. Pire, même, quelque chose en nous prend plaisir à avoir peur.

*

Tout dans ce film est construit : il ne s'agit ni d'une véritable famille, ni d'un véritable fantôme. Tout est fictif, et nous le savons. Nous connaissons l'actrice incarnant la mère : elle joue dans des séries télé que nous aimons bien. Nous apprécions ce type de films de suspense et, avec l'habitude, nous en reconnaissons certaines des ficelles, certains plans, certaines scènes classiques du genre. Nous nous sommes assis dans le cinéma en sachant très bien que l'on allait nous offrir un moment de divertissement : nous avons payé notre ticket, justement, pour avoir peur.

Question à la fois évidente et abyssale : pourquoi, sachant toutes ces médiations, pleurons-nous, désirons-nous, nous effrayons-nous, malgré tout, devant des œuvres fictives ?

Suspendre son incrédulité

Ces médiations jouent un double rôle : si elles indiquent l'artificialité de la fiction représentée, elles sont également, tout aussi fondamentalement, la clef pour entrer dans cet univers fictionnel. Elles sont ainsi un « cadre », délimitant à la fois l'espace de la fiction, et la distance à traverser pour y pénétrer. Dans le champ de la littérature, ces conventions nous mettent dans les dispositions nécessaires afin d'interpréter la représentation que nous avons entre les mains. Lire un roman implique de maîtriser un nombre considérable de conventions : celles de la lecture (conventions techniques), de la narration fictionnelle (conventions esthétiques), voire celles du genre littéraire spécifique auquel appartient le récit (conventions stylistiques). Une fois ces conventions connues, acceptées, celles-ci nous placent dans les dispositions nécessaires pour nous investir dans cet univers de papier[29].

Tel est le paradoxe de toute fiction : ces cadres nous guident dans notre compréhension de ces dispositifs, puis nous incitent à faire abstraction de leur artificialité. Ce n'est qu'ainsi que nous pourrons éprouver ce qui est représenté sur le mode du « comme si », et à l'aune de nos propres références. Voilà pourquoi entrer dans l'univers de la fiction implique une « suspension consentie de l'incrédulité » (*suspension of disbelief*) pour reprendre la belle formule de Coleridge[30].

Dans le cas de l'image, ce pacte, ce cadre fictionnel est d'abord matériel, *physique* : il est la limite de la toile dans le cinéma, la bordure de la photographie, le cadre de l'écran du jeu vidéo, le socle de la sculpture classique. Il nous indique où commence l'image et nous rappelle qu'il faut distinguer celle-ci du contexte qui l'entoure, afin de lui attribuer une cohérence interne. C'est pourquoi certains théoriciens auront interrogé le statut du trompe-l'œil : masquant son cadre, se voulant en continuité avec le monde, il paraît briser les conventions de l'image. Il se ferait leurre, plus que représentation.

Au musée, le cadre du tableau sépare l'image du mur blanc, il indique un espace où la ressemblance opère, un espace fictionnel à interpréter analogiquement pour y repérer des formes, voire des thèmes et des sujets. Une fois que cette ressemblance nous aura suggéré de rechercher les référents dans l'image, c'est aussi ce cadre qui nous incitera à lire, à investir le tableau affectivement et intellectuellement sur le mode du « comme si ».

Nous reviendrons sur ce qu'implique ce « comme si », mais rappelons d'abord que ce cadre fictionnel n'est pas uniquement physique, il est aussi *symbolique* : il tient parfois à un certain nombre de gestes, de rôles, de petits rites nous permettant d'entrer dans l'espace fictionnel. C'est par lui que nous savons qu'il est mieux de rester immobile pour regarder une toile, qu'il faut éviter de la toucher, etc. C'est lui qui nous incite regarder l'œuvre d'art à l'aune de critères non pas pratiques, mais esthétiques, métaphoriques, voire politiques. En cela, le musée est sans doute, par essence, un cadre fictionnel, déterminant la manière dont il faut regarder les objets, les œuvres qu'il contient.

Il est enfin des cadres *stylistiques* déterminant comment, dans un genre fictionnel particulier, profiter de l'univers proposé. Nous n'avons pas les mêmes attentes à regarder un film d'horreur qu'une comédie : l'effusion de la violence n'y jouera pas le même rôle et ne sera pas interprétée de la même manière. De même, si nous nous attendons à assister à un film d'action, les lents *travelings* d'un film de répertoire pourront nous paraître insupportables. La connaissance de ces conventions stylistiques sera chez certains très fine : ils sauront reconnaître les conventions narratives des films d'horreur de série B des années 1980 ; le style graphique des jeux vidéo produits au Japon entre 1983 et 1988 ; la signature du directeur photo Roger Deakins dans le cinéma de Denis Villeneuve.

Un tel degré d'érudition n'est évidemment pas toujours partagé, ni nécessaire : la fiction, le plus souvent, vise à permettre une immersion en n'exigeant qu'une connaissance minimale des conventions stylistiques lui étant associées. Je n'ai pas besoin de connaître les règles du Dogme95 pour apprécier le cinéma de Lars von Trier ; pas besoin de faire la distinction entre l'art vidéo et le cinéma pour apprécier les *Five Angels for the Millennium* (2001) de Bill Viola.

Qu'ils soient physiques, symboliques ou stylistiques, ces cadrages affirment : « ceci est une image fictionnelle », mais aussi « voici la manière d'appréhender les référents qu'elle contient ». Ce faisant, ils balisent la ressemblance visuelle, la sertissent. Puis, comme par une sorte d'effet de tunnel, ces cadrages, acceptés puis intégrés à notre regard, semblent enfin s'effacer. Ils ne sont pas oubliés pour autant, mais forment le socle de notre expérience et permettent de nous plonger dans cette fiction avec d'autant plus d'abandon que nous sommes coutumiers de ses règles du jeu. Nous pourrons alors nous identifier aux personnages, imaginer leurs pensées, flâner dans l'univers représenté et nous immerger dans cette représentation. Nous pourrons, une fois ces conceptions acceptées, entrer dans un monde fictif cohérent, singulier, unique.

L'image parasite et investissement affectif

Et pourtant, si ce monde fictionnel est singulier et unique, sa première caractéristique – caractéristique essentielle – est de ressembler au monde réel.

On pourrait s'en étonner : la fiction n'est-elle pas irrémédiablement différente de notre quotidien ? N'est-elle pas, justement, un *autre* monde ? Certes.

Mais ce monde fictionnel dépend de sa ressemblance avec notre réalité sublunaire afin, déjà, que l'on puisse le comprendre, puis s'y investir.

La fiction dépend ainsi de l'existence d'un monde réel à partir de laquelle la juger, s'y immerger ; voilà pourquoi elle est « parasitaire », pour reprendre la belle expression d'Umberto Eco[31]. Elle ne saurait exister seule. Voilà pourquoi aussi nous ne comprenons la ressemblance de l'image qu'à partir de nos propres souvenirs visuels, et les scènes d'un roman qu'à l'aune de nos propres scènes de vie. En cela, la littérature même doit être perçue comme un art analogique et ressemblant. Chez elle, cette ressemblance ne tient pas à la nature de son signe, mais dans ce qu'elle aspire à dépeindre.

Bien que les signes qu'il emploie soient conventionnels, le roman doit être sémantiquement ressemblant : les scènes qu'il nous propose ne pourront avoir un sens qu'à l'aune de leur analogie à des situations que nous connaissons, à des personnes que nous fréquentons, à des lieux où nous avons vécu[32]. Nous évaluons chaque image, chaque texte à partir de notre propre expérience : c'est elle qui nous sert de jalon pour apprécier le sens et la portée de l'œuvre proposée, qui nous permet de nous offusquer qu'un roman place Notre-Dame de Paris à Barcelone. Il en est de même lorsque nous regardons un film, une pièce de théâtre ; nous ne les comprenons qu'à l'aune de nos propres connaissances de l'art, mais aussi du monde.

Même un tableau de Picasso tire précisément sa force cubiste de son jeu avec nos attentes visuelles. Sa *Femme au chapeau vert* (1947), conservée au musée Albertina à Vienne, ne nous surprend pas par la couleur de ses vêtements et de son chapeau – ils sont bel et bien verts –, mais par la représentation de son visage, défiant nos habitudes perceptives. Son œil droit paraît incrusté dans son chapeau, comme si Picasso avait souhaité superposer, en une seule image, deux points de vue sur ce même visage : un de face, l'autre de profil. La chose est étonnante, et que nous soyons ou non familiers de la démarche de Picasso, la puissance visuelle de l'image provient de sa capacité à bousculer nos conventions perceptives et représentatives.

De proche en proche, la nature ressemblante et parasitaire de la fiction nous permettra de projeter sur elle notre propre vie affective, nos propres émotions, nos propres désirs, nos propres drames, nos propres manques. Libérés de l'ambiguïté que possèdent nos situations interpersonnelles réelles, nous pouvons nous investir dans l'univers fictionnel sachant que cet espace est limité par un cadre. En cela, le cadre fictionnel n'implique pas une désaffection du sujet, mais au contraire une demande d'investissement particulier : il n'est pas un univers où nous serions protégés de nos réactions émotives, mais de leurs conséquences. Cette nuance est centrale et nous y reviendrons longuement.

*

La condition de l'image tient à cette intrication, à cette rencontre entre ressemblance et cadre fictionnel. L'image doit ressembler – à notre perception, à notre expérience, au monde – pour qu'opère cette condition fictionnelle. Et tout à la fois, elle doit être dotée d'un cadre fictionnel afin que le sujet puisse y pénétrer. Cette intrication, cette double condition, ouvrent le champ des pouvoirs de l'image : celui de nous défouler, de nous exciter. Et celui, déjà, de faire lever les souvenirs.

CHAPITRE 2

L'image et la mémoire

> […] cette espèce de rumeur que j'ai, que vous avez, dans la tête, quand je […] regarde des tableaux, ce « bruit » qui charrie un bout de poème, un fragment d'histoire, un morceau d'article, une référence interrompue, un écho de conversation, un souvenir impromptu, etc.
>
> LOUIS MARIN, *Détruire la peinture*[1].

Quelque part dans la série télé américaine *Marvel's Daredevil* (Netflix, 2015), le personnage de Wilson Fisk, raffiné, mais violent caïd de la mafia new-yorkaise, se rend dans une galerie d'art. Il s'arrête devant un grand tableau, un quasi monochrome blanc. Quelques textures, quelques nuances rythment la surface de la toile que la caméra prend le temps de parcourir. Cet intérêt paraît d'abord inexplicable en raison de l'absence de connaissance artistique du personnage, élevé dans une famille pauvre du Bronx.

Chauve, massif, et tout de noir vêtu, Fisk se tient pourtant immobile face à cette toile blanche (fig. 4). Après un temps, la galeriste s'approche de lui, et lui demande d'un ton entendu :

« Êtes-vous intéressé ou vous ne faites que regarder ?

— Intéressé », répond-il sans détourner les yeux, la voix tendue. Sa main est parcourue de tremblements trahissant son agitation intérieure.

Et la galeriste de continuer :

« Les gens me demandent comment nous pouvons exiger de tels montants pour des dégradés de blanc. Je leur dis que ce n'est pas la question du nom de l'artiste, ou de la difficulté technique, ce n'est même pas une affaire d'art. Tout ce qui compte, c'est comment cette peinture vous fait sentir [*how it makes you feel*].

— Elle me fait me sentir seul », répond enfin Fisk, d'une voix blanche.

Il achètera pourtant la toile. Par bribes, au fil de la série, l'origine de son pouvoir d'évocation nous sera racontée. On apprendra que l'intérêt de Fisk tient, entre autres, à un souvenir précis de son enfance : le mur blanc que son père lui faisait fixer alors qu'il violentait sa mère, un mur dont l'œuvre rappelle la couleur et la texture.

La réaction de Fisk manifeste bien la manière dont une image sait stimuler nos souvenirs, et faire remonter à la conscience les affects que ces souvenirs contiennent encore.

*

Ouvrons maintenant une bande dessinée de la série *Dread Mac Farlane* par Marion Poinsot (fig. 5).

Sur l'une des pages, on trouve l'image d'un personnage appuyé sur le bastingage d'un navire, regardant l'horizon. Son visage est barré d'une grande moustache mince et noire, aussi noire que ses longs cheveux tombant sur ses épaules. Il porte une chemise blanche immaculée sous sa veste rouge vif, et un grand chapeau bourgogne piqué d'une plume. En lieu et place de sa main droite se trouve un crochet menaçant.

Ce personnage, je peux présumer qu'il s'agit d'un pirate. Je possède en moi cette catégorie de « pirate » qui se distingue de celles de « marin » ou de « bandit », pourtant proches. Cette catégorie, bien qu'elle loge dans ma mémoire, ne renvoie pas à un souvenir précis, à un pirate spécifique que j'aurais croisé dans quelque port ou sur quelque bateau. Elle tient à une généralisation élaborée au fil de mes lectures d'enfant, de ces après-midi à écouter des films d'animation, et à laquelle sont associées des caractéristiques, elles aussi générales : un air mauvais, l'une ou l'autre amputation (nous aurions pu l'imaginer avec une jambe de bois, ou borgne), des vêtements colorés et bouffants. Pour certains lecteurs, cette catégorie générale pourra même se préciser : l'image ne renvoie pas à n'importe quel pirate, mais au célèbre Capitaine Crochet – bien que le plus souvent, diront les plus malins, il est borgne et porte son crochet à la main gauche.

Ce personnage, provenant du théâtre de James Matthew Barrie, puis de son roman *Peter Pan*, bien des enfants le connaissent à travers les adaptations qu'en a faites Disney. Ceux-ci ignorent l'origine de ce personnage, ses transformations au cours du XXe siècle : ils savent pourtant le reconnaître rapidement, craignent sa méchanceté légendaire et savent tout des combats terribles qu'il a menés contre Peter Pan.

Pour bien des enfants, croiser au détour d'une page de bande dessinée ou d'un film d'animation la figure du Capitaine Crochet procure un délicieux frisson de terreur : se voient soudainement ramenés à la conscience les détails de son caractère et de ses mauvais coups.

L'analogie et la mémoire

L'exemple de Wilson Fisk et celui du Capitaine Crochet illustrent bien la manière dont les images savent évoquer tant des moments particuliers de notre existence – des souvenirs –, que des types généraux, fruits de progressives abstractions. Cette capacité de stimuler la mémoire n'est pas le propre des images, bien évidemment : sans cesse, le monde excite nos types et nos souvenirs. Et fréquenter le monde, c'est le voir résonner avec notre propre histoire et nos catégories, les activer, les nourrir.

Voilà pourquoi comprendre le pouvoir mémoriel des images exige dans un premier temps de saisir la manière dont le monde même stimule notre mémoire. La chose n'est pas si évidente. Comment le souvenir d'un événement singulier, parfois vécu longtemps auparavant, est-il rappelé à la conscience par une situation actuelle ? Voire, quelle relation – quelle correspondance, quelle solution de continuité – existe-t-il entre une catégorie abstraite et générale et la singularité de notre expérience du monde ?

Autrement dit, et plus simplement, comment une chose peut-elle en rappeler une autre ?

*

Vivre veut dire comparer sans cesse le nouveau à l'ancien, interpréter et comprendre l'un par l'autre. Ce n'est qu'ainsi que nous réussissons à nous situer dans le monde qui nous entoure, qu'en associant ces perceptions à des souvenirs qui, sans être la parfaite répétition du moment présent, en possèdent suffisamment de caractéristiques pour nous servir de référence, voire de guide pour des situations futures. Comme le notent Douglas Hofstadter et Emmanuel Sander : « Sans projeter à tout bout de champ nos connaissances sur les situations – c'est-à-dire sans faire constamment des inférences – nous serions conceptuellement aveugles : incapables de penser ou d'agir, condamnés à l'incertitude et à un tâtonnement permanent[2]. »

C'est l'analogie qui est responsable d'un tel miracle cognitif. Le mécanisme analogique fonctionne en associant une expérience nouvelle à un souvenir en vertu de leur correspondance, une telle correspondance pouvant tenir autant d'une ressemblance formelle, structurelle, au partage de caractéristiques communes, que d'une parenté générale. On l'aura compris, cette analogie est au cœur des mécanismes de ressemblance présentés au chapitre précédent : elle fonde l'iconisme peircien et la relation entre l'image et son référent.

Cette analogie opère en deçà de la conscience et nous échappe souvent. Parfois affleure quelque impression, quelque affect dont nous ignorerons la source. Pourquoi, fugacement, est-ce que je pense à mon vieil ami ? Est-ce le fil de ma pensée qui m'a mené jusqu'à lui, ou est-ce plutôt mon voisin de table qui, par son accent ou son parfum, ses gestes ou ses traits, l'aura imperceptiblement évoqué ? Souvent, l'analogie s'impose à la conscience et à notre attention. On dirait alors que notre conscience ne nous appartient plus, qu'elle est dotée d'une autonomie glissant de ressemblance en ressemblance, de proche en proche.

Proust n'a pas eu à analyser l'odeur de la madeleine trempée dans le thé pour trouver qu'elle ressemblait à celle de son enfance ; et ce visage que nous voyons apparaître dans les nuages se construit de lui-même, comme malgré nous. Les mécanismes responsables de l'analogie, comme ceux d'un certain nombre de processus mentaux liés à la mémoire, sont « cognitivement non pénétrables », pour employer l'expression de Jean-Marie Schaeffer[3]. Ils opèrent et travaillent à l'ombre de la conscience.

Dans cette mystérieuse recherche de correspondances entre les événements du monde et nos souvenirs, notre cerveau s'offre pourtant une facilité : il juge en fonction du contexte, que celui-ci tienne de notre environnement physique ou d'un état mental – vie intérieure, désirs, etc. Une odeur de caoutchouc brûlé n'évoquera pas les mêmes analogies, ni ne soulèvera les mêmes craintes, dans une voiture que dans l'avion[4]. Tout aussi bien, nos désirs et nos manques, nos frustrations et nos ruminations inclinent nos perceptions et nous incitent à effectuer certains rapprochements, certaines analogies[5]. D'humeur maussade, je réagirai plus rapidement aux stimulations tristes, tout comme j'aurai le sentiment que le temps s'écoule plus lentement[6].

Perceptive la mémoire ?

Profitant de ces mécanismes analogiques, un premier processus sert d'assise aux autres systèmes mémoriels plus complexes : la mémoire perceptive (parfois appelée *Perceptual priming*). Comme l'écrivait déjà Endel Tulving en 1972 dans un article célèbre :

> La rencontre perceptuelle avec un objet facilite la perception du même objet lors d'occasions subséquentes, en ce que son identification exige moins d'informations ou se fait plus rapidement qu'en l'absence de ce premier contact[7].

À force de répétitions, notre perception prend certaines habitudes, elle reconnaît le familier. Voilà pourquoi nous reconnaissons notre amoureux entre tous, en un clin d'œil : nous avons pris le pli mental de ses traits, de ses formes, de ses gestes, nous pouvons l'identifier rapidement au milieu d'une foule ou de dos au bout d'une rue. Or, ce processus est largement subconscient ; nous pourrions bien tenter de décrire ce qui distingue physiquement notre amoureux, que cette description, *a posteriori*, visera à reconstruire, et maladroitement, un objet fait d'habitudes et de perceptions.

Chaque sens possède sa propre mémoire perceptive où ces caractéristiques sensorielles (qu'elles soient sonores, visuelles, olfactives, gustatives, etc.) sont enregistrées et traitées : le lobe occipital pour la vision, le lobe temporal pour le son, etc. Une blessure aux lobes temporaux, responsables des souvenirs épisodiques, pourra avoir comme effet de m'empêcher de me rappeler du contexte dans lequel j'ai rencontré quelqu'un, tout en me laissant l'impression que cette personne m'est familière[8].

Comme pour l'analogie sur laquelle elle est fondée, nous ne voyons pas opérer cette mémoire qui nous oriente dans notre fréquentation du monde, qui nous fait réagir presque instantanément à un stimulus, nous n'en constatons que les résultats : cette image de mon amoureux qui surgit à ma conscience, ce souvenir d'enfance s'imposant à moi au détour d'un parfum, ce tableau ancien rappelé par cette image bon marché.

Nous l'évoquions plus haut, la mémoire perceptive n'est pourtant que l'un des premiers engrenages et la porte d'entrée à des mécanismes mémoriels autrement plus ambitieux. Si Fisk a pu reconnaître une texture, une couleur familière dans le quasi monochrome croisé à la galerie, cette texture et cette couleur n'ont pourtant gagné une portée existentielle qu'à ramener à la conscience tout un faisceau de réminiscences anciennes et intimes. De même, si j'ai pu identifier un pirate dans la bande dessinée de Marion Poinsot, ce qu'évoque ce pirate pour moi et les connotations de ce motif se superposent rapidement à cette première reconnaissance abstraite. Ces évocations et ces connotations viennent l'animer.

*

Les exemples du dessin du Capitaine Crochet et de la toile abstraite de Fisk n'ont pas été choisis au hasard : ils illustrent les deux grands mécanismes mémoriels conscients à l'œuvre dans notre fréquentation des images… et tout ce qui les distingue. Car la catégorie mentale, générale et décontextualisée de « pirate » qu'évoque le dessin du Capitaine Crochet n'a pas grand-chose à voir avec le souvenir spécifique, personnel et contextualisé que ramène à la conscience la toile vue par Fisk à la galerie d'art.

Pourtant, ces deux types de mémoire – *sémantique* pour l'exemple de Crochet, et *épisodique* pour celui de Fisk –, sont constamment à l'œuvre dans notre fréquentation des images, quitte à travailler parfois de concert pour donner sens à une même représentation[9].

Mémoire sémantique, ou quand l'image se fait concept

La mémoire sémantique est constituée de l'ensemble de nos connaissances conceptuelles ; nous l'employons sans relâche pour interpréter et comprendre l'univers qui nous entoure. Ce n'est qu'en raison de l'habitude que nous ne nous émerveillons pas davantage de sa versatilité, que ce soit pour nous repérer dans une ville nouvelle ou pour identifier un motif dans un tableau ancien.

L'objectif de la mémoire sémantique n'est pas de nous permettre de reconnaître un stimulus (tel serait le rôle de la mémoire perceptive), mais de le connaître, d'en comprendre les caractéristiques, d'anticiper ses effets[10]. Provenant pourtant de la mémoire perceptive, la mémoire sémantique agglomère les caractéristiques des objets perceptifs, qu'ils proviennent de notre propre appréhension du monde ou de ce qu'on nous en aura dit. C'est en vertu de cette mémoire que nous savons que pour voler, un avion est plus approprié qu'un bateau ; que le triple de trois est neuf ; que si l'on creusait un tunnel de la France à travers la Terre, nous retrouverions quelque part dans l'océan Pacifique. Cette mémoire est sémantique, en ce qu'elle nous permet, par abstraction, de comprendre et d'agir sur une situation nouvelle ; elle nie l'exception, et interprète le singulier à l'aune de catégories générales et familières.

Elle nie, de même, toute référence autobiographique, et s'il nous a bien fallu acquérir les informations qui la constituent, rien n'exige de se souvenir de ce contexte d'apprentissage pour les utiliser. Je ne me souviens pas réellement de quels livres, de quels films, ou de quelles discussions provient mon concept de « pirate ». La mémoire sémantique ne tient pas davantage compte de l'ordre dans lequel les éléments qui la constituent ont été acquis. Peu importe que nous ayons appris la géographie de la France avant celle de la Belgique : une fois connues, ces informations sont abstraites, décontextualisées et assemblées. En cela, cette mémoire ne dépend pas d'expériences personnelles spécifiques, mais de faits généraux et de leurs interrelations.

La mémoire sémantique croise et comprend le langage. En tant que répertoire des faits et des représentations que nous avons du monde qui nous entoure, elle inclut les symboles verbaux et visuels que nous employons pour communiquer, leur sens et leur référent. C'est pourquoi nous avons besoin d'un certain temps pour comprendre en quoi l'œuvre de René

Magritte *La Trahison des images (Ceci n'est pas une pipe)* de 1929 (fig. 6), n'est justement pas une « vraie » pipe – mais une image. Car pour cette mémoire sémantique, un même élément mémoriel existe généralement sous des formes perceptives, représentatives et symboliques diverses : le mot « pipe », son image, son odeur, et les percepts d'une véritable pipe en bois renvoient au même référent. Et dans le cas de l'œuvre de Magritte, si l'image sur la toile et le mot « pipe » ne sont véritablement une pipe en bois, notre mémoire sémantique y aura pourtant reconnu cette catégorie, cet objet.

Le langage se révèle de même l'un des moyens d'élaboration par excellence de cette mémoire sémantique. Nous apprenons les faits du monde par le moyen de la communication, tant et si bien que nous ne savons pas toujours si les éléments de la mémoire sémantique que nous rappelons à notre conscience proviennent de la communication, de notre propre expérience du monde ou d'une élaboration cognitive personnelle.

En cela, le langage, l'une des principales sources de la mémoire sémantique, se révèle-t-il l'un des moyens par excellence pour la stimuler. De simples mots sont capables de faire affleurer à la conscience de larges pans de notre mémoire sémantique. Voilà pourquoi la littérature est elle aussi faite d'images, celles-là mentales. Elle se fait même la porte d'entrée par excellence pour comprendre la structure interne de cette mémoire sémantique.

L'image littéraire et la mémoire sémantique

Commençons par cet extrait de Madame Bovary :

> Une nuit, vers onze heures, ils furent réveillés par le bruit d'un cheval qui s'arrêta juste à la porte. La bonne ouvrit la lucarne du grenier et parlementa quelque temps avec un homme resté en bas, dans la rue. Il venait chercher le médecin ; il avait une lettre. Nastasie descendit les marches en grelottant, et alla ouvrir la serrure et les verrous, l'un après l'autre. L'homme laissa son cheval et, suivant la bonne, entra tout à coup derrière elle. Il tira de dedans son bonnet de laine à houppes grises une lettre enveloppée dans un chiffon, et la présenta délicatement à Charles, qui s'accouda sur l'oreiller pour la lire. Nastasie, près du lit, tenait la lumière. Madame, par pudeur, restait tournée vers la ruelle et montrait le dos[11].

À lire ce passage de *Madame Bovary*, les mots s'additionnent en nous, se colorent réciproquement ; ils se font progressivement images. Nous imaginons ainsi la bonne se lever de son lit au grenier, une lumière un peu jaune et douce éclairer la lecture de Charles, Emma tenter d'en fuir l'éclat et d'échapper au regard de l'homme. Tout cela, nous pouvons nous le représenter avec plus ou moins de détails selon notre intérêt de lecture, notre imagination, et la précision du narrateur.

Et pourtant, qui peut prétendre avoir vu le cheval dont nous parle Flaubert ? Certes, nous avons lu ce passage, et parfois plusieurs fois, mais cette lecture ne prend sa couleur, et ce cheval sa forme et ses caractéristiques, de notre propre expérience. Les mots de l'auteur sont une amorce faisant naître en nous l'univers qu'il évoque dans son roman. Chaque mot que nous employons pour communiquer, tout comme ceux que nous comprenons du langage de l'autre, tirent leur sens de notre mémoire sémantique.

Or, pour comprendre la manière dont communication et signification s'articulent, il faut sans doute opérer une petite distinction à l'intérieur même de cette mémoire sémantique. Chaque mot que nous connaissons possède d'abord une définition minimale, commune, évidente et partagée, une définition qui permet *d'identifier* l'objet évoqué. Cette première partie de la mémoire sémantique, nommons-la, pour reprendre le vocabulaire d'Umberto Eco, le « contenu nucléaire[12] ». Ce contenu nucléaire a essentiellement une visée communicationnelle : le mot « cheval » a un sens général et minimal, discriminant, dénotant un animal spécifique – un grand mammifère à sabots, à longs membres, portant une crinière et utilisé pour le transport, la course ou le trait. Le dictionnaire le plus usuel nous offre une telle définition, et le sens du mot n'a que peu évolué depuis le milieu du XIXe siècle, au moment où Flaubert écrivait son livre le plus célèbre.

Et pourtant, on peut présumer que l'auteur de *Madame Bovary*, en imaginant la scène, avait en tête un animal autrement plus spécifique – doté d'une certaine taille, d'une certaine couleur, voire d'une certaine crinière –, que cette définition générale et minimale. Le passage cité ne permet pas de le préciser. Nous pourrions sans doute en avoir une idée plus précise si nous étions familiers des types de chevaux utilisés en Normandie – région de l'intrigue de *Madame Bovary*, celle où vécut Flaubert – pour faire ce genre de courses. En dépit du manque de précision, et même à ignorer tout de la biographie de Flaubert et des chevaux normands, nous pourrons imaginer la scène décrite, et donc un certain cheval. Nous projetterons sur la scène la représentation d'un cheval provenant de notre propre mémoire sémantique, de nos propres connaissances de l'animal.

Car ce sens premier – ce « contenu nucléaire » – offert par les mots, ouvre en nous un univers de sens autrement plus riche et dense que la simple définition du dictionnaire. Ce sens plus complexe et plus intime, Umberto Eco l'appelle un « type cognitif ». Ce dernier, bien plus que le contenu nucléaire, forme l'essentiel de la mémoire sémantique. C'est en vertu de ce type cognitif que nous présumons que le « bruit » du cheval auquel fait référence Flaubert pourrait être celui de ses sabots sur le gravier, ou encore son hennissement. Et si Flaubert nous avait indiqué que c'est l'odeur du cheval qui tire de son sommeil Nastasie et la famille Bovary, nous trouverions peut-être la chose étrange – et un peu déplaisante –, mais nous pourrions présumer de quelle odeur il s'agit. La construction des types cognitifs tient ainsi de ce que l'on nous aura dit d'un objet, de ce que nous aurons vu, et de ce que nous aurons expérimenté. Une grande partie de nos types cognitifs – ici par exemple, le bruit (ou l'odeur) du cheval – proviennent de notre fréquentation du monde même.

Même s'ils sont fondés sur notre expérience, ces types cognitifs ne sont pas forcément propres à chaque individu. Puisque nous vivons tous dans le même monde, puisque nous avons tous un corps, nos expériences ne sont pas uniques, mais largement communes. Voilà pourquoi les romanciers ne cessent d'impliquer, par leur recours à des contenus nucléaires, des types cognitifs qu'ils présument partagés : autant d'expériences, d'affects, de percepts qu'ils ont éprouvés et qu'ils imaginent résonner dans la mémoire du lecteur. S'ils ne peuvent présumer des caractéristiques spécifiques du type cognitif du lecteur, ils comptent pourtant sur la présence de suffisamment d'éléments communs pour que le récit prenne vie.

Ce sont ces types cognitifs qui font de la lecture du roman un processus d'imagination, où chaque scène est recréée à l'aune de notre propre mémoire. La bonne, la lucarne, le grenier, l'action de parlementer, le métier de médecin, l'action de descendre des marches constituent autant de blocs de base, de concepts, que nous habillons de notre propre imagination – autrement dit : de notre propre mémoire. Et tout ce que Flaubert laisse dans l'ombre, la porte que Nastasie ouvre pour laisser entrer le messager, la façon dont Emma Bovary est habillée, la lumière que tient Nastasie, tout cela, nous devons l'imaginer à partir de nos connaissances, de nos propres références.

L'image visuelle et la mémoire sémantique

Il en est des images comme des mots : les contenus nucléaires visuels fonctionnent comme des moyens de communication et des indications permettant l'identification du sujet de l'image. Dans le champ de l'image cependant, ces contenus nucléaires sont extrêmement hiérarchisés, l'addition d'éléments simples permettant d'évoquer des contenus nucléaires de plus en plus précis. À défaut d'une connaissance préalable des contenus nucléaires complexes impliqués, le spectateur pourra toujours demeurer à un niveau de compréhension plus général.

Rappelons-nous l'exemple du Capitaine Crochet. Si, nourri au sérail de l'univers Disney, je peux reconnaître le célèbre personnage à l'aune de ses caractéristiques visuelles spécifiques, pour celui qui ne pourrait saisir les indications visuelles permettant de l'identifier, le contenu nucléaire évoqué par son image ne serait pas nul pour autant. Il ne serait que plus général, et il renverrait probablement au concept de « pirate ». Cette inférence ne serait d'ailleurs pas fausse : le Capitaine Crochet est bel et bien un pirate, et c'est en tant que pirate que nous avons eu à l'appréhender, lorsque nous l'avons aperçu pour la première fois.

Il en est toujours de même : puisque les contenus nucléaires visuels de base – mélange de ressemblance et de conventions symboliques – possèdent une relative stabilité dans le temps, il est presque toujours possible d'appréhender les œuvres d'art, même anciennes, à l'aune de nos propres connaissances. Nous pouvons par exemple reconnaître, dans les tableaux anciens et même si nous ne pouvons reconstituer précisément toutes leurs connotations symboliques, des figures, des animaux, des objets. De même, nous savons nous situer dans l'espace représenté et en recréer, dans les images depuis la Renaissance, la tridimensionnalité. Nous ne sommes jamais parfaitement ignorants des images.

Il est cependant vrai que pour de nombreuses œuvres d'art – pensons à l'art religieux chrétien renaissant –, ces contenus nucléaires sont extrêmement précis, détaillés, structurés. Ils font même l'objet de dictionnaires iconographiques spécifiques permettant d'en reconnaître les motifs visuels : saint Luc et son taureau, saint Joseph et son marteau, saint Pierre et sa clef, etc. La connaissance de ces contenus nucléaires iconographiques et de leur articulation permet d'identifier le thème du tableau, même à le voir pour la première fois.

Il est toutefois fascinant de noter à quel point un tel processus est complexe, et subconscient. Pour identifier dans un tableau ancien une Annonciation, par exemple celle de Fra Angelico à San Marco de 1450 (fig. 7), ma mémoire perceptive et sémantique doit travailler de concert. Je dois d'abord, distinguant des formes du fond visuel qui les entoure, reconnaître des contenus nucléaires de base (des personnages, des gestes, des objets, une certaine manière de représenter l'espace et l'architecture). Puis, je dois assembler ces éléments de bases en unités plus larges.

Ici, à droite de la représentation, un personnage aux longs cheveux blonds[13], aux vêtements amples, est assis sur un banc et penché vers l'avant, ses mains sont repliées sur son corps et sa tête est couronnée d'une auréole : il s'agit vraisemblablement d'une sainte. Là, un second personnage, agenouillé, doté lui aussi de cheveux blonds et d'une auréole, mais ayant au dos une paire d'ailes multicolores, pose le même geste d'humilité : un ange, sans doute. À assembler ces contenus nucléaires, à les articuler, je pourrai enfin soutenir, avec une relative assurance, qu'il s'agit d'une Annonciation.

Une fois ce contenu nucléaire identifié, mes types cognitifs pourront entrer dans la partie. Pour ceux possédant des connaissances affinées sur la Renaissance italienne, il sera possible d'associer cette *Annonciation* à d'autres tableaux. Je pourrai la distinguer d'une autre, plus ancienne, peinte par Fra Angelico et conservée à Cortone (1433-1434). J'en noterai les similitudes : la présentation du Paradis, à gauche, dans un cas fermé par une clôture, et dans l'autre ouvert, et montrant Adam et Ève ; le recours à une colonne séparant Marie de l'ange et symbolisant la double nature du Christ, à la fois divin et humain, etc. Je me rappellerai leurs différences : par exemple, dans la version de Cortone, Marie est assise sur son trône, une Bible sur ses genoux. Je noterai que ces deux versions ne présentent pas le Saint-Esprit et sa lumière divine venant toucher Marie, un détail que l'on retrouve pourtant dans une autre *Annonciation* (1435-1445) attribuée à Fra Angelico et conservée à Madrid. Je me prends à rêver : et si cette différence, cette présence du Saint-Esprit était la preuve que ce tableau conservé en Espagne n'est justement pas de Fra Angelico ? Je prendrai une note dans mon petit cahier : « rechercher autres *Annonciations* de Fra Angelico avec la présence du Saint-Esprit ». En cela, ces tableaux ne sont pas uniquement interprétables à l'aune de types cognitifs, ils les nourrissent, tout aussi bien. Et désormais, le concept d'Annonciation, voire « d'*Annonciation* de Fra Angelico » tiendra une partie de sa signification, de sa couleur, de cette visite du couvent des Dominicains à Florence.

Il n'est pas nécessaire d'avoir une vaste érudition en histoire de l'art pour qu'un tableau sollicite nos types cognitifs. Certains, ayant des bases en histoire de l'architecture, remarqueront que les colonnes du tableau de San Marco sont surmontées de chapiteaux, corinthiens au premier plan, mais ioniques au second. Et même à n'avoir que peu de connaissances sur la peinture italienne renaissante, il sera toujours possible de reconnaître, dans la posture de Marie et dans son visage, son acceptation. D'autres noteront la taille apparemment démesurée du tabouret sur lequel Marie est assise, ou s'intéresseront à la coiffure des deux protagonistes ; d'autres enfin s'arrêteront aux tissus représentés ou tenteront d'identifier la végétation représentée sur le tableau.

L'érudition n'est pas le seul chemin vers nos types cognitifs et vers notre mémoire sémantique : l'expérience en est plutôt la voie royale, en ce que nos types cognitifs ont la couleur de nos intérêts, de nos lectures, de nos fréquentations et de nos expériences. Voilà aussi pourquoi ces investissements personnels dans les images ne sont pas des erreurs ou de vulgaires contingences. Ils donnent vie aux images et participent de notre plaisir de les fréquenter.

Le plaisir de la mémoire sémantique

Reconnaître, identifier, associer, faire correspondre : il est un plaisir naturel à solliciter la mémoire sémantique. La curiosité et la découverte possèdent une valence positive intrinsèque, aussi aimons-nous regarder des images, lire des livres, entre autres car ces images et ces livres stimulent nos connaissances et les nourrissent. Cette joie tient d'un étrange équilibre entre le nouveau et le connu : trop nouvelle, l'image nous échappera ; trop connue, elle nous ennuiera. Curiosité et familiarité ne s'opposent pas ; elles sont, bien au contraire, articulées. Elles tiennent à la capacité à assimiler les expériences nouvelles à l'aune de types cognitifs, de souvenirs déjà présents[14]. Il est un plaisir de faire jouer nos catégories mentales pour interpréter ce que nous avons sous les yeux.

Le plaisir de l'érudition est de cet ordre, et tient à l'excitation de la découverte et de l'utilisation de connaissances acquises sur des contextes ou des objets nouveaux. Nous nous amusons à identifier, en forêt, la faune et la flore qui nous entourent, de la même manière que nous aimons reconnaître un air connu dans une nouvelle pièce de musique.

Le plaisir de l'art et de la fréquentation des images doit beaucoup à la mémoire sémantique. Et si l'objectif n'est pas de contextualiser l'image que nous avons sous les yeux, mais de l'investir intellectuellement, nous sommes tous des érudits. Nous avons tous quelque expérience, quelque connaissance nous permettant d'interpréter une représentation. Les enfants, encore une fois, nous le prouvent constamment : ils ne cessent de reconnaître dans les images des motifs et des formes, des personnages et des objets et proposent souvent les interprétations les plus originales des tableaux. Sans doute nous faut-il, face aux images, réapprendre à jouer avec nos connaissances ; à retrouver la joie que nous procure leur utilisation.

Mémoire épisodique

La mémoire épisodique est souvent définie en altérité signifiante avec la mémoire sémantique. Et pour cause : alors que mémoire sémantique est fondée sur le langage et sur nos abstractions personnelles, sur la structure générale des événements, la mémoire épisodique est profondément concrète. Elle n'est pas le fait de généralisations, mais est au contraire marquée par un contexte précis, singulier : celui du moment qu'elle ramène à la mémoire. Alors que la mémoire sémantique se fait souvent discrète, fonctionnant en sous-main de notre fréquentation du monde en nous permettant de nous orienter et de le comprendre, la mémoire épisodique, lorsqu'elle est stimulée, occupe au contraire l'avant-scène de la conscience : les images et les émotions qu'elle lui impose sont vivides, et semblent nous replonger dans le moment vécu.

Elle n'est pas d'abord une source de *compréhension*, mais d'*impressions* : le souvenir conservé remonte à la conscience accompagnée de son contexte, de son organisation concrète. Parfois un simple détail, une certaine lumière, une texture, une odeur, l'esquisse d'une mélodie, sont à même de nous ramener à un instant précis de notre histoire personnelle. Nous pouvons ainsi avoir un souvenir épisodique distinct du moment où nous avons reçu notre premier vélo. Ce souvenir est singulier ; il inclut bien évidemment les caractéristiques visuelles du vélo en question, mais également le contexte spécifique et affectif lié à cet événement : le lieu où nous l'avons reçu, les personnes présentes, le sourire complice de celui qui nous l'a offert, ce qu'on nous aura dit pour l'occasion, l'excitation que nous aurons ressentie, etc.

Or, afin qu'un tel épisode singulier et unique soit ramené à la conscience, certaines conditions sont nécessaires et, d'abord, une certaine disponibilité psychologique : ces moments de réminiscence sont impossibles lorsque nous sommes plongés dans une action intense. Nous n'avons qu'un seul espace mental pour gérer à la fois le monde que nous percevons et celui de nos souvenirs : impossible d'être pris de réminiscences au milieu d'une course-poursuite. Walter Benjamin le soulignait déjà dans ses textes sur la notion d'expérience : la surexcitation contemporaine rend les phénomènes de réminiscence autrement plus difficiles et plus rares[15]. La nature contemplative de la galerie d'art et du musée permet à Fisk, comme à d'autres, de se laisser aller au plaisir de l'évocation.

De même, afin qu'un événement passé soit ramené à la conscience, quelque ressemblance entre la situation actuelle et le souvenir est nécessaire. Et en effet, plus le souvenir est ancien, plus les stimuli doivent être ressemblants : il aura ainsi fallu, pour Fink, que le tableau ait une teinte et une texture similaires au mur de son enfance, qu'il soit aussi, probablement, de grande taille. Comme l'indiquent Hofstadter et Sander :

> La résurgence d'un événement enfoui dans sa mémoire et auquel on n'a pas repensé depuis des années repose sur des similitudes d'ampleur importante. Pour que le souvenir et le moment présent se rencontrent, chacun doit « faire un bout de chemin », c'est-à-dire qu'il faut que certaines dimensions d'encodage rapprochent suffisamment ces situations[16].

Le contexte physique, psychologique, voire affectif dans lequel l'événement mémorisé a été enregistré est fondamental, tout autant que le contexte actuel[17].

De même, et de manière quelque peu évidente, l'intensité émotionnelle des événements vécus semble déterminer la force de prégnance des souvenirs, et la facilité à les ramener à la conscience. L'exemple le plus extrême de ce phénomène est sans doute l'événement traumatique, où des similitudes, même vagues, ressuscitent le souvenir douloureux et sa couleur affective. Il en est de même, dans une moindre mesure, lors d'une peine d'amour – ne s'agit-il pas après tout d'un traumatisme ? –, quand tout semble renvoyer à l'un ou l'autre moment de cette histoire et nous replonger dans le deuil.

Les faisceaux de la mémoire

Évanescents, les souvenirs épisodiques sont bien difficiles à faire ressurgir volontairement. Ils s'imposent le plus souvent à la conscience par surprise, au détour de quelque perception, de quelque stimulus[18]. Or, comment un stimulus, souvent infime, est-il capable de rappeler des pans entiers de notre histoire ? La question est fascinante. Afin d'y répondre, il importe de rappeler les recherches déterminantes de Endel Tulving sur l'organisation de la mémoire et plus spécifiquement sur les relations, intriquées et denses, entre la mémoire perceptive, la mémoire sémantique et la mémoire épisodique[19].

La relation entre ces différentes mémoires est d'abord *sérielle*, c'est-à-dire articulée et cumulative. Par exemple, avant de nourrir notre mémoire épisodique, les éléments constituant nos souvenirs auront d'abord dû être perçus, puis faire sens. L'élaboration de la mémoire sémantique dépend en effet de la mémoire perceptive, tandis que la mémoire épisodique est fondée sur la mémoire sémantique. À bien y penser, la chose est un peu curieuse : après tout, la formation de la mémoire sémantique n'est-elle pas faite d'une accumulation d'informations et d'expériences singulières ? Si les événements ressemblants se transforment bel et bien, à force de répétitions, en mémoire sémantique, si chacune des itérations d'une perception, d'un souvenir, nous permet d'en abstraire les caractéristiques, les recherches empiriques effectuées sur des patients souffrant de lésions au cerveau démontrent pourtant que la capacité de formation des souvenirs épisodiques dépend de la santé de la mémoire sémantique, alors que l'inverse n'est pas vrai : la mémoire épisodique n'influence pas la fabrication de la mémoire sémantique[20].

Ces mémoires sont de même parallèles, en ce que les souvenirs d'un même événement peuvent être enregistrés à la fois au niveau de la mémoire perceptive, de la mémoire sémantique, et de la mémoire épisodique. Ainsi, le moment où nous avons reçu notre premier vélo est allé à la fois nourrir nos souvenirs perceptifs (ce qui nous permet de le reconnaître, et plus généralement d'identifier les vélos), nos souvenirs sémantiques (ce qu'est un vélo, ses propriétés, le nom que l'on donne à cet objet), et s'est cristallisé en un souvenir épisodique (l'épisode spécifique vécu).

Enfin, si la conservation des souvenirs est parallèle, leur récupération est indépendante : si nous avions une blessure au cerveau empêchant le recours à notre mémoire perceptive ou à notre mémoire sémantique, nous pourrions malgré tout nous rappeler des moments précis inscrits dans notre mémoire épisodique. L'inverse est aussi vrai : une blessure au lobe temporal peut effacer des pans de la mémoire épisodique sans pour autant affecter la mémoire perceptive et la mémoire sémantique.

Ainsi, entre la mémoire sémantique et la mémoire épisodique loge l'ensemble des souvenirs que nous pouvons ramener à la conscience – ce que certains auront nommé la mémoire déclarative. Il ne s'agit pas pour autant de l'ensemble de nos souvenirs : une large part de notre mémoire perceptive est subconsciente, il en est de même de la mémoire procédurale nous permettant, par exemple, de faire de la bicyclette, voire plus simplement d'attacher nos lacets. Les neuropsychanalystes affirmeront même que chez certains, une part de cette mémoire épisodique est inconsciente, les fils reliant ces souvenirs à une stimulation capable de les ramener à la conscience ayant été coupés par un traumatisme. Aussi la technique psychanalytique, à stimuler la mémoire épisodique et à évoquer – parfois de façon involontaire – des éléments sémantiques constitutifs du traumatisme, viserait-elle à retisser ces fils et à faire remonter à la conscience l'événement malheureux[21].

Une telle démarche est ancrée sur une caractéristique fondamentale du ressouvenir : les stimuli capables d'activer la mémoire épisodique proviennent non seulement de notre expérience du monde, mais aussi de la mémoire sémantique – et, par-là, du langage. En cela, et bien que la plupart des chercheurs aient tendance à insister sur la séparation – et les différences – entre mémoire sémantique et mémoire épisodique, l'expérience du ressouvenir tend à montrer qu'elles entretiennent bien au contraire d'innombrables relations. La raison en est bien simple : toutes les caractéristiques d'un événement, de ses particularités physiques aux catégories auquel il appartient, peuvent permettre de l'évoquer, de se le remémorer.

*

Dans un article fondamental publié en 2008 dans *Nature*, Antonio Damasio et Kaspar Meyer précisent une telle idée et proposent un modèle de fonctionnement de la mémoire humaine rendant compte des mécanismes de ressouvenir[22]. Rappelant d'abord les conclusions de Tulving, ils soulignaient que nombre de patients avec des lésions au lobe temporal du cerveau n'arrivent plus à se rappeler de souvenirs complexes, comme leur propre mariage ou la naissance de l'un de leurs enfants. Or, ces patients peuvent pourtant identifier et reconnaître des images générales d'un mariage ou d'une naissance. Si la mémoire sémantique semble intacte, ce sont leurs souvenirs spécifiques, leur mémoire épisodique donc, qui paraît s'être effacée, ou qui se révèle plus exactement impossible à stimuler.

Les deux auteurs en viennent à soutenir que les dommages au lobe temporal mettent bel et bien en lumière l'existence de fils mémoriels reliant les différentes facettes de nos expériences : chaque souvenir est ainsi constitué d'un ensemble de caractéristiques – sensorielles, affectives, contextuelles –, dont la relation demeure vivante, même dans la mémoire. C'est pourquoi une simple perception, un simple stimulus, peut rappeler à la conscience un complexe sensoriel et mémoriel dense, intime, et à chacun singulier. C'est pourquoi aussi il faut quelque peu nuancer le parallélisme et l'indépendance des différentes mémoires présentées précédemment : si elles sont conservées séparément, si elles peuvent être récupérées indépendamment, elles comptent le plus souvent les unes sur les autres pour être stimulées.

Le souvenir d'une fête est une trame tissée des personnes qui y étaient présentes, mais aussi des odeurs (celle du jardin où se déroulait la fête, du parfum des convives), des goûts (ceux des bouchées que nous y avons mangées, du gâteau, du vin que nous y avons bu), des sons (celui de la musique qui y jouait, de ce verre qui s'est brisé sur le plancher au moment du petit discours) que nous y avons entendus et auxquels cette fête est rattachée. Plus tard, dans un autre contexte, entendre un verre se briser pourra nous ramener à cette fête, et soudainement nous rappeler les paroles tenues par le jubilaire. Dans le cas des individus dont le lobe temporal est endommagé, il semble souvent que ce soit le fil reliant les différentes facettes de leurs souvenirs qui paraisse rompu. Pour eux, le bruit du verre brisé n'évoquera rien.

À l'aune de ces conclusions, Damasio et Meyer formulent l'hypothèse d'une région du cerveau où se nouent ces fils reliant les différentes facettes d'une expérience. Ils nomment ces régions, de manière assez peu évocatrice, les « zones de convergence-divergence » (en anglais les *convergence-divergence zones*, ou CDZ). Ces zones, constituées de groupes neuronaux situés dans les régions antérieures du cortex temporal, gardent la trace des stimulations simultanées liées à un événement, à un objet, ces stimulations pouvant provenir des différents sites sensoriels de la mémoire perceptive – la vue, l'ouïe, le goût. L'objet « noix » renvoie à une certaine saveur, ainsi qu'à une couleur, à une texture, à une sensation de dureté sous la dent, de même qu'aux contextes où nous en avons dégusté : toutes ces données sont conservées dans différents lieux de la mémoire, mais leur relation serait pour sa part gardée dans les CDZ, sous la forme de ce que les auteurs appellent une « trace mémorielle[23] ». La simple stimulation d'un sens permettrait ainsi d'évoquer un souvenir épisodique, lui-même ouvrant à d'autres éléments sensoriels et affectifs : l'odeur de cette fameuse madeleine trempée dans le thé aura ainsi renvoyé, chez Proust, à toute une époque vécue, à un ensemble d'impressions et d'émotions, à d'autres saveurs et d'autres odeurs, chacune reliée par les faisceaux de la mémoire.

Damasio rappelle dans son ouvrage *L'Autre Moi-même* cette phrase de Scott Fitzgerald dans *Tendre est la nuit* : « Qui d'entre nous pourra jamais voir un train s'ébranler sans entendre des coups de feu ? » Dans le roman de Fitzgerald, le personnage principal Dick Diver et ses amis assistent à une scène dramatique. Une jeune femme, désespérée, tue son amoureux d'un coup de pistolet tandis que le train quitte lentement la gare Saint-Lazare en sifflant. Damasio de souligner :

> Diver et les autres, quand ils se retrouveront dans une gare, *entendront* toujours en pensée des coups de feu imaginaires, et toujours, ce sera une approximation affaiblie, mais bien reconnaissable des sons perçus ce matin-là […]. Parce que les souvenirs composites d'événements peuvent être remémorés à partir de la *re*-présentation de n'importe laquelle des parties les composant, il se peut aussi qu'ils entendent ces coups de feu lorsque quelqu'un évoquera simplement des trains sur le départ, en n'importe quel lieu et pas seulement lorsqu'ils en verront un quitter une gare. Peut-être aussi les entendront-ils quand quelqu'un mentionnera Abe North (c'est à cause de lui qu'ils se trouvaient là) ou encore la gare Saint-Lazare (c'est là que cela s'est passé)[24].

De la même manière, une description, un objet, l'affect manifesté par un personnage, pratiquement tout dans un roman peut nous replonger dans notre propre histoire. On l'a dit, les CDZ ne relient pas uniquement les stimulations sensorielles aux souvenirs épisodiques, elles font également de la mémoire sémantique l'un des éléments capables de provoquer des ressouvenirs et par là de nous émouvoir. Combien ne se sont pas reconnus dans le *spleen* d'Emma Bovary ? Qui ne s'est pas, dans les mots de Flaubert, souvenu de ses propres moments d'attente, d'ennui, voire du regret de ne pas avoir pris, quelque part dans son histoire, le bon embranchement ?

La force de la littérature tient à sa capacité à stimuler nos propres souvenirs épisodiques, puis de faire de ceux-ci le moyen de donner vie à l'histoire racontée par l'auteur. À proprement parler, *Madame Bovary* stimule autant notre mémoire épisodique qu'elle s'en nourrit : notre Emma nous ressemble en portant la couleur de nos propres désirs déçus. Ainsi la mémoire sémantique excite la mémoire épisodique, tout comme, en retour, cette dernière colore et anime la mémoire sémantique.

Il en est de même dans le champ des images. Je regarde *Chair Car* (1965) d'Edward Hopper (fig. 8). Le tableau, et plus précisément les repose-têtes blancs et les sièges vides, me rappelle mes voyages en TGV, à la fois rapides et longs, mais surtout disponibles à la contemplation. Le train renvoie pour moi à ces moments entre l'éveil et le rêve, entre l'ennui et le songe, où le temps semble suspendu, ou l'on peut agir sans rien faire : voyager. Cette toile ne représente aucun événement, elle montre seulement des personnages repliés dans leur propre solitude ; elle m'évoque mes propres moments d'indolence dans le train, et teinte ma compréhension. Ce sont mes propres gestes, mes propres réflexions que je projette sur ces personnages, et qui leur donnent vie.

Le lieu des images

Question subsidiaire, mais fort intrigante : les images mentales que nous nous forgeons à la lecture de romans, à la contemplation des œuvres d'art, sont-elles de pures chimères évanescentes ou occupent-elles un espace, en nous, que nous pourrions localiser ? Autrement dit, notre imaginaire s'incarne-t-il *anatomiquement* ? Les recherches en neurologie offrent d'étonnantes réponses à ces énigmes que nous avons longtemps crues insolubles. Elles permettent déjà un premier constat : les images mentales prennent forme, dans notre cerveau, à l'endroit même où la perception visuelle est traitée, dans le cortex occipital. Une région que Stephen Kosslyn, William Thompson et Giorgio Ganis, dans *The Case for Mental Imagery*, nomment la « zone tampon visuelle » (*visual buffer*[25]). Images perçues et imagination se partagent donc cet espace et ses caractéristiques. Certaines recherches montrent même qu'il est possible d'empêcher la création de ces images mentales en stimulant électriquement cette région.

Cette région anatomique se révèle organisée de façon topologique : les caractéristiques formelles et spatiales d'un objet remémoré y sont ainsi recréées. Quelques recherches troublantes sur les singes à l'aide de marqueurs radioactifs ont ainsi permis de constater que la zone tampon visuelle conserve largement la forme des objets vus[26]. Que ces images proviennent de la perception ou de la mémoire n'y change d'ailleurs rien, toutes deux recourent à cette zone tampon visuelle organisée topologiquement.

Si la perception et l'imagination transitent toutes deux par cette zone tampon visuelle, elles n'y ont pas la même priorité d'accès. Nous sommes tirés de nos rêveries, de nos souvenirs par des stimuli perceptifs forts, l'inverse est toutefois plus rare : sauf dans le cas d'hallucinations, les rêveries n'ont pas le pouvoir d'outrepasser des stimulations visuelles intenses. En effet, les images mentales doivent, par un effort de concentration, être maintenues dans cette zone visuelle tampon ; lorsqu'une perception nouvelle vient stimuler le sujet, ces images s'effacent pour laisser place aux perceptions venant occuper son attention.

Voilà pourquoi il est difficile de se rappeler d'éléments visuels lorsque nous sommes plongés dans l'action, difficile de nous souvenir du visage d'un ami lorsque nous pratiquons une activité sportive intense, de nous remémorer notre liste de courses lorsque nous sommes au milieu du supermarché[27]. Un environnement calme est nécessaire afin que nos souvenirs puissent émerger et que notre imagination puisse prendre vie. Pour la plupart d'entre nous, le fait de détourner le regard de l'action et de fixer un endroit stable visuellement peut déjà faciliter ce recours à l'imagination et, en cela, à la mémoire.

Les perceptions et les souvenirs sont de même nature, à défaut d'avoir la même consistance ou la même prégnance en nous. Se fondant sur des recherches en sciences cognitives et sur une phénoménologie rigoureuse, Jean-Marie Schaeffer a présumé d'une telle zone tampon en 1999, et l'a alors nommée « mécanisme représentationnel » :

> Il n'existe qu'une seule modalité représentationnelle, parce que la capacité représentationnelle a été façonnée par la sélection naturelle comme interface entre notre système nerveux central, d'un côté, et l'environnement extérieur et nos propres états internes de l'autre[28].

Notre vie courante, lorsqu'elle est apaisée, tient plutôt de leur enlacement : l'imagination et les souvenirs teintent notre appréhension du monde, lui donnant son épaisseur et sa richesse ; notre perception stimule l'imagination, elle se fait le tremplin vers notre vie intérieure et vers notre mémoire. Imagination et perception se trament, se tissent, et leur entrelacement constitue la condition de l'expérience des images.

*

Le « cadre » muséal – déclinant une certaine modalité du « cadre » fictionnel présenté plus haut –, détermine certes symboliquement le regard à porter sur les objets de l'art, il nous incite à voir ces œuvres distinctement des autres objets de notre commerce au monde, à leur reconnaître une valeur esthétique et historique spécifique[29]. Or, ce cadre muséal possède aussi des caractéristiques pragmatiques qui permettent de se laisser aller aux effets de réminiscence – et aux effets affectifs, nous le verrons – qu'il sait produire. Le plus souvent arraché du flux du monde contemporain, de son mouvement, espace de tranquillité et de silence, il se révèle disponible à l'investissement personnel. La galerie d'art et le musée ne sont évidemment pas des espaces uniques : la forêt, la mer, les bibliothèques, les temples, voire la douceur de notre salon sont souvent des endroits propices – parce que calmes et ouvrant à la contemplation – à se laisser aller à nos souvenirs, à nos pensées.

CHAPITRE 3

L'image et l'émotion

> L'art se trouve préfiguré dans les processus mêmes de l'existence.
>
> JOHN DEWEY, *L'Art comme expérience*[1].

Lorsqu'on lui demande ce que le quasi monochrome blanc lui fait éprouver, Wilson Fisk ne répond pas par un souvenir, mais plus exactement par un sentiment. Bien qu'il l'implique, il ne dit pas « elle me replonge en enfance » ou « elle me rappelle des moments précis de mon histoire personnelle », mais de manière autrement plus émotive, plus affective : « elle me fait me *sentir* seul ». Image, mémoire et affect s'imbriquent et, si nous avons pu constater la nature épisodique du souvenir évoqué par Fisk, celui-ci ouvre à des affects extrêmement puissants qui le submergent. C'est cette forme affective, cet affect lié aux images qu'il nous faut aborder maintenant.

Loge au cœur de nos souvenirs les plus mémorables, les plus structurants, un noyau dur : les affects. Ces affects prolongent d'ailleurs le modèle mémoriel présenté au chapitre précédent en ce que l'émotion s'ajoute aux différents stimuli sensoriels que l'image sait faire émerger par remémoration. Lorsque le ressouvenir ramène à la conscience une expérience passée, remonte presque toujours avec elle la teneur affective de cette expérience : l'odeur de la crème solaire à la noix de coco m'évoque systématiquement mes souvenirs d'enfance à la plage, et la joie que ces vacances me procuraient. Symétriquement, le simple fait d'éprouver une émotion peut nous rappeler des souvenirs précis dont la teneur affective était la même. Une peine d'amour m'en rappelle soudainement une autre, plus ancienne ; on dirait alors que mes gestes de souffrance ramènent à la conscience, comme autant d'éclats douloureux, les mots échangés et leur ton, les lieux, voire quelque détail physique de l'autre que je croyais avoir oubliés.

En cela, les émotions, et plus exactement les sentiments – soit la perception consciente de ces émotions –, possèdent de nombreuses caractéristiques des sens : si ces derniers nous informent de l'état du monde extérieur, les émotions et les sentiments nous font connaître, pour leur part, notre monde intérieur : nos manques, nos tensions, nos désirs[2].

« Elle me fait me sentir seul », affirme Fisk. Et pourtant, il achète la toile, et l'expose chez lui. La chose paraît curieuse aux esprits pensant l'art sous l'angle du beau, du plaisant. Pourquoi, en effet, souhaiter conserver au plus près de soi une image triste ? Pourquoi ressasser ce traumatisme évoqué par l'image ? Faut-il y voir un comportement délétère, un ruminement mélancolique ou plutôt un moyen de dialoguer avec cette expérience douloureuse, une tentative de se l'approprier ?

Nous le soulignions aussi plus haut : les images nous plongent au cœur de notre vie intérieure, de notre vie affective avec plus d'abandon encore qu'une situation réelle. La nature représentative de l'image et son cadre fictionnel se font, là, une force : l'image comme espace neutre, transitionnel, permet de déployer sa vie intérieure sous le couvert de la fiction, d'y trouver un espace d'expression libre des contraintes sociales et interpersonnelles habituelles. C'est de ce paradoxe, de la force que lui procure sa condition artificielle, que l'image tire son pouvoir d'évocation ; c'est ce paradoxe qui fait d'elle un tel levier à désirs, à émotions, c'est lui qui nous fait aimer sa fréquentation.

Le pouvoir affectif des images n'exige pourtant pas toujours de renvoyer à un souvenir précis. Une image nous émeut parfois d'évoquer une catégorie mémorielle générale, fondée sur la mémoire sémantique : pour ma part, l'odeur de cannelle continue aujourd'hui encore à me rappeler – sans pour autant m'évoquer une image précise – la douceur de Noël. La nature partagée et générale de certaines expériences émotives permet d'y référer par le biais de représentations, d'images : autrement dit, ces expériences communes font de l'image un moyen de communication émotif.

Plus encore que les mécanismes mémoriels que nous avons présentés jusqu'à maintenant, nous subissons ces émotions bien plus que nous les contrôlons ; elles nous emportent et modulent nos actions. Le plus souvent, certes, nous cherchons ce qui nous apaise, nous excite ; nous fuyons ce qui nous blesse, nous angoisse. Mais pas toujours, et ce paradoxe même en dit long sur notre rapport aux images.

*

En 2007, je visite avec une amie la Biennale de Venise. Au détour d'une rue, nous tombons sur une petite église, la Chiesa di San Gallo, où est exposée une œuvre de Bill Viola, un vidéaste américain (fig. 9). Cette installation ne sera inaugurée que dans quelques jours, mais la porte de l'église est entrouverte. Nous nous faufilons à l'intérieur.

La salle est plongée dans le noir et, sur trois écrans immenses, sont projetées des figures humaines. Telles des ombres grises, des fantômes, elles s'avancent lentement vers nous.

Les figures spectrales traversent une fine paroi d'eau qui nous était jusqu'alors invisible ; ce faisant, elles se colorent et semblent même prendre vie. Après quelques secondes dans le monde de la couleur – métaphore du nôtre –, elles tournent lentement les talons et réintègrent l'étrange royaume des ombres dont elles proviennent.

Nous sommes restés une quinzaine de minutes à regarder toute une galerie de personnages reproduire ces mêmes gestes, ce même rituel. Absorbé par cet étrange ballet, je n'ai pas remarqué que mon amie pleure, à côté de moi. Quelque chose dans cette métaphore sur l'infranchissable mur entre la vie et la mort, entre le monde du souvenir et des vivants, l'aura bouleversée.

*

Si l'existence humaine est le fait d'un métissage complexe et constant d'émotions, où l'excitation et la douleur, la tristesse et la joie cohabitent, nous recherchons pourtant, le plus souvent, les expériences possédant une valence positive. Or, cette valence est singulière et unique, elle se distingue du simple plaisir ou de l'expérience agréable : son organisation, propre à chacun, échappe souvent au spectateur de nos actions. On le sait, bien des larmes nous apaisent, bien des colères nous défoulent. Voilà pourquoi on ne saurait résumer l'appréhension des images à une simple recherche de plaisirs ou de beauté ; nous sommes fascinés et dégoûtés à la fois par les images de violence, nous aimons nous plonger dans les ambiances mélancoliques et certains se précipitent au cinéma pour voir des films d'apocalypse. Comprendre la raison de ces attraits, ce que ces images nous apportent et où se situe leur valence positive, exige d'appréhender la mécanique fine de l'émotion.

L'émotion, l'animal et l'humain

Les émotions tiennent d'un ébranlement du corps comme de l'esprit : une idée, une perception, paraissent bouleverser notre vie intérieure et notre corps. En colère, notre cœur bat plus vite, nos muscles se contractent, le sang nous monte à la tête, notre regard sur le monde est soudainement animé de représentations agressives ou violentes, nous avons envie d'agir, de renverser, de supprimer ce qui nous contrarie, ou tout ce qui se trouve en travers de notre chemin. Si nous ne sommes pas prisonniers de cette animation interne, si nous pouvons exercer sur elle un contrôle, elle constitue, malgré tout, une certaine pente vers l'action.

Neurologiquement, cette agitation et cet ébranlement échappent largement à la conscience. Ils proviennent des parties du cerveau situées près du tronc cérébral et fonctionnant de manière autonome, des parties considérées par certains comme les plus anciennes d'un point de vue évolutif[3]. Nous les partageons, de même que les émotions qu'elles font naître, avec tous les mammifères. Tant le rat que le singe sont traversés des mêmes émotions de base que l'homme : la peur, les pulsions sexuelles, la panique liée à la séparation, ce que l'on appelle maladroitement « l'instinct maternel », le jeu et la curiosité n'appartiennent pas, en propre, à l'humain[4]. Pour nombre de scientifiques, cette unité émotive trouve sa source dans un objectif commun aux organismes vivants : celui de retrouver, face aux menaces et aux stimulations du monde externe, face aux excitations et aux tensions du monde interne, une forme d'équilibre : l'homéostasie.

Ce que nous appelons « émotion » décrirait ainsi certains effets – ou mieux, un moment – de ces mécanismes internes et de ces comportements visant l'homéostasie. Autrement dit, l'émotion serait la réponse biologique et neurologique à un stimulus éveillant les régions responsables de cette recherche d'équilibre[5]. La peur nommerait cette accélération du pouls, ces sueurs froides, et cette hypervigilance éprouvées face à certaines situations considérées comme dangereuses – autant de mécanismes permettant d'échapper à la menace. La rage constituerait ces réactions chimiques, hormonales et physiques impliquées lorsque l'animal est entravé dans sa liberté d'action, et qui visent à l'aider à se libérer[6].

Si cette homéostasie paraît pertinente afin de penser des émotions simples comme la peur, elle semble insatisfaisante pour appréhender des gestes autrement plus complexes comme l'empathie, la mélancolie ou l'orgueil. Même dans le champ animal, elle n'arrive que difficilement à rendre compte de certains comportements singuliers : songeons seulement aux longues pérégrinations des éléphants vers leurs cimetières, aux comportements autodestructeurs de certaines espèces en captivité, etc. En fait, la complexité émotive des animaux semble proportionnelle à leur complexité sociale : plus ce tissu social est dense et plus ces espèces semblent dotées d'une vie affective échappant aux conceptions mécanistes de l'homéostasie. Plus simplement, cette homéostasie ne paraît prendre sens, pour l'humain et les animaux sociaux, qu'à n'être qu'une des trames – serait-elle fort structurante – de notre tissu émotif.

En cela, les origines et les raisons de notre vie émotive demeurent encore insaisissables pour les sciences cognitives et les neurosciences. Elles ont l'inextricable densité de ces phénomènes et de ces mécanismes plus anciens que la pensée, et qui l'auront rendue possible. D'où notre difficulté à comprendre ce qui soudain nous émeut, nous fait rire, voire nous défoule. D'où, également, les formidables dérèglements de cette vie émotive chez l'homme et chez les animaux intelligents.

Aussi, pour penser les relations entre les images et les émotions, faut-il moins se tourner vers l'insaisissable source des émotions, que vers la manière dont les images, par le biais de nos souvenirs, savent les stimuler.

*

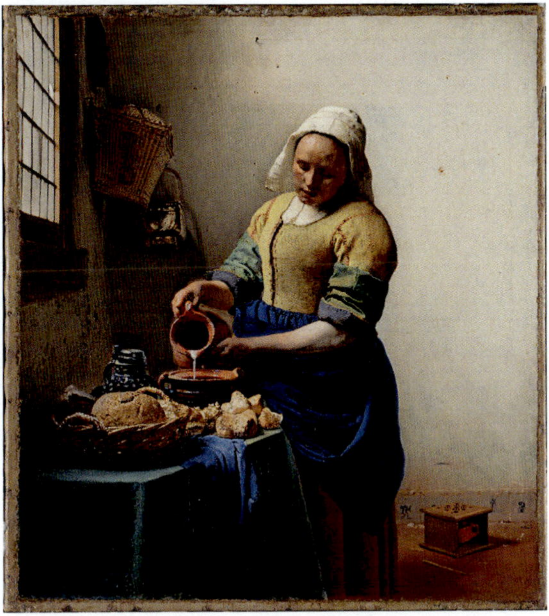

Figure 1. Johannes Wermer, *La Laitière*, 1658, huile sur toile, 45,5 × 41 cm.
Bridgeman Images.

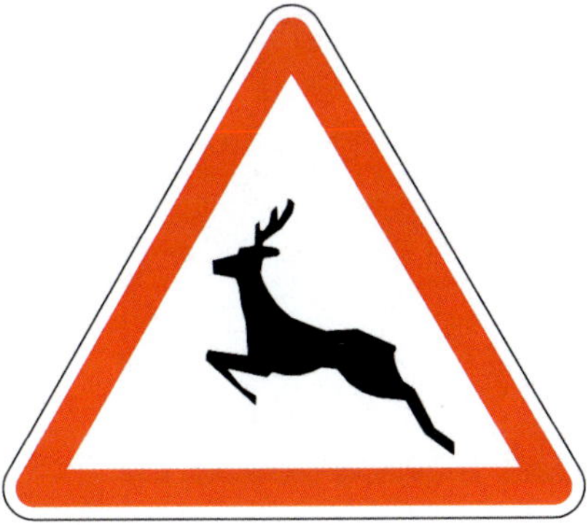

Figure 2. Le panneau A15b de la sécurité routière française.

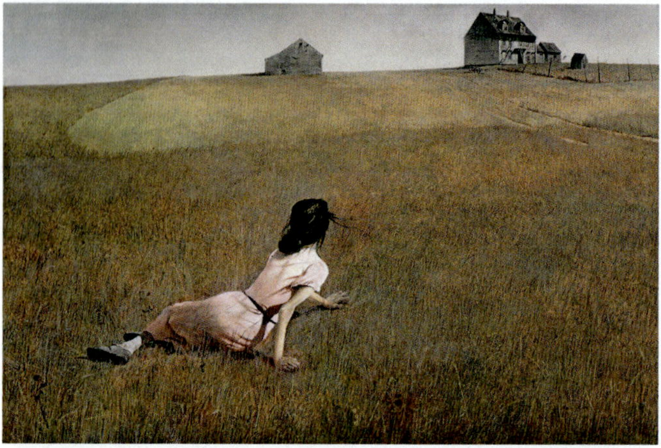

Figure 3. Wyeth Andrew, *Christina's World*, 1948, tempera sur gesso, 81,9 × 121,3 cm.
© Adagp, Paris, 2022.

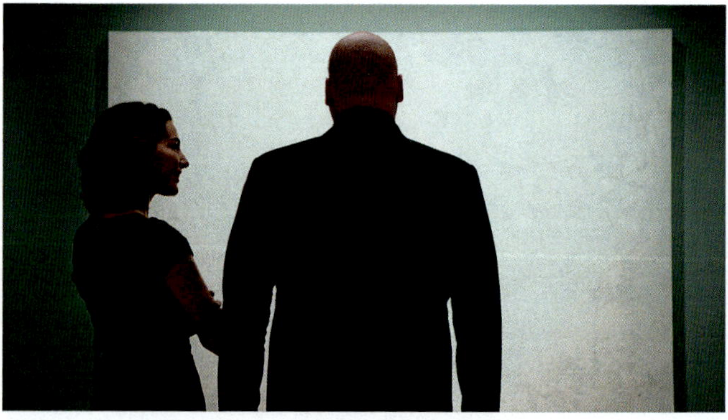

Figure 4. Goddard Drew, *Marvel's Daredevil*, 2015, photogramme de la série. Saison 1, épisode 3.
Courtoisie de Netflix.

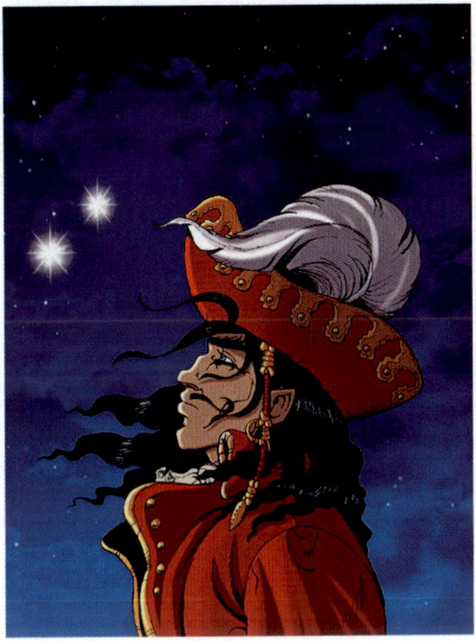

Figure 5. Poinsot Marion, *Le Lion des mers : Dread Mac Farlane*, 2007, couverture du tome 5 de la bande dessinée. Stylo-plume sur feuille bristol, format A3 (couleur réalisée par Bob Bergé). Marion Poinsot.

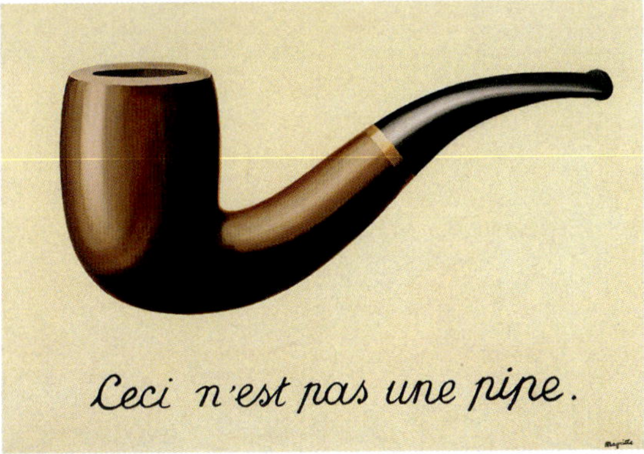

Figure 6. Magritte René, *La Trahison des images (Ceci n'est pas une pipe)*, 1928-1929, huile sur toile, 59 × 65 cm. © Photothèque R. Magritte / Adagp Images, Paris 2022.

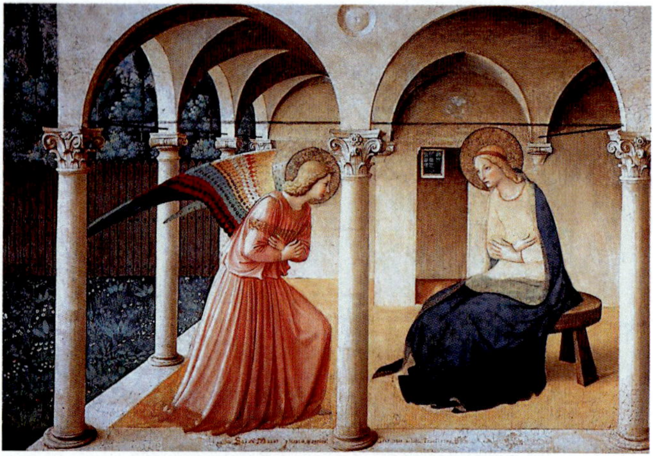

Figure 7. Fra Angelico, *Annonciation*, 1437, fresque, 230 × 297 cm. Bridgeman Images.

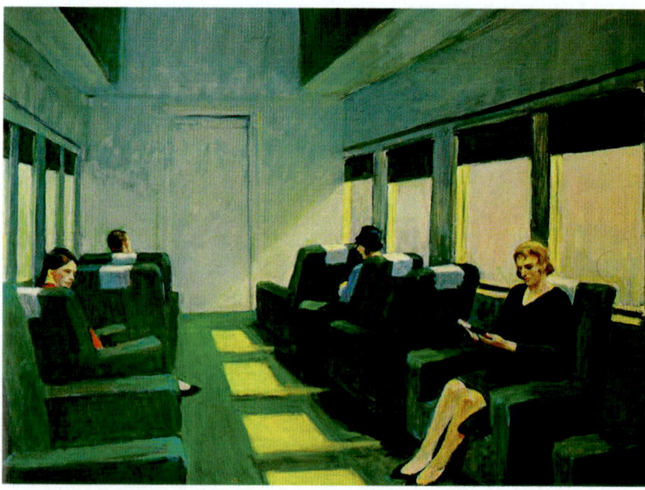

Figure 8. Hopper Edward, *Chair Car*, 1965, huile sur toile, 101,6 × 127 cm.

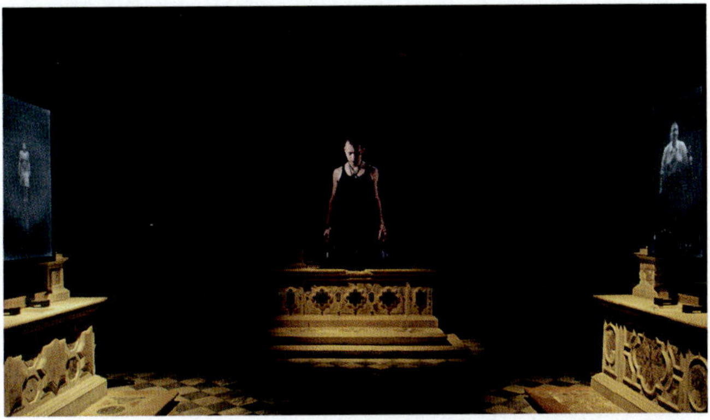

Figure 9. Viola Bill, *Ocean Without a Shore*, 2007, triptyque couleur vidéo haute définition projeté en boucle, 4,5 × 6,5 × 10,5 m. Aimable autorisation de Bill Viola Studio. Photographie Thierry Bal.

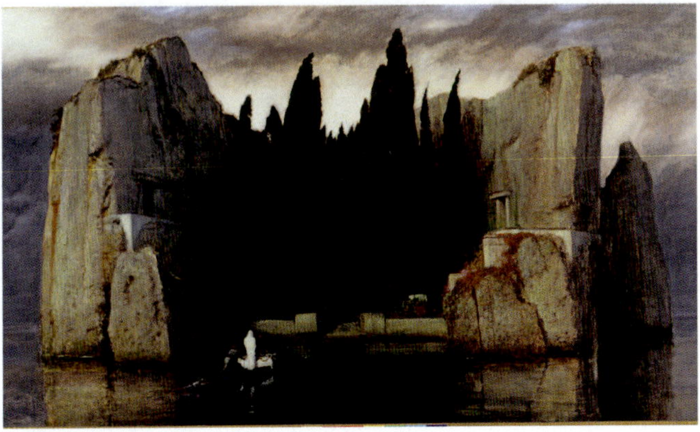

Figure 10. Böcklin Arnold, *L'Île des morts*, 1883, huile sur bois, 80 × 150 cm.
Bridgeman Images.

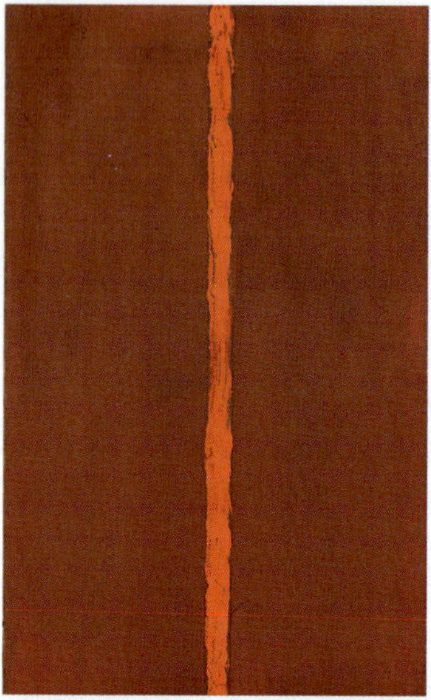

Figure 11. Newman Barnett, *Onement I*, 1948, huile sur toile, 69,2 × 41,2 cm.

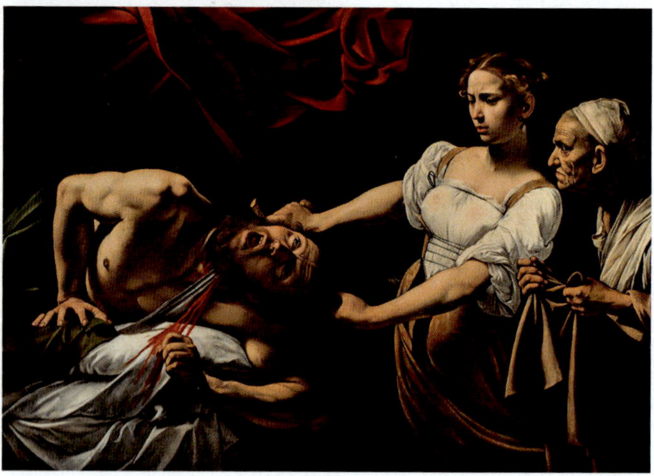

Figure 12. Le Caravage, *Judith et Holopherne*, 1598, huile sur toile, inv. no 2533, 145 × 195 cm.
Bridgeman Images.

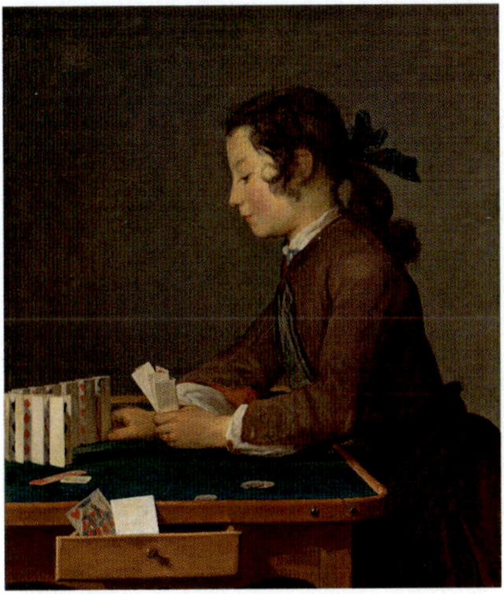

Figure 13. Chardin Jean-Siméon, *Le Château de cartes*, 1737, huile sur toile, 82 × 66 cm.
Bridgeman Images.

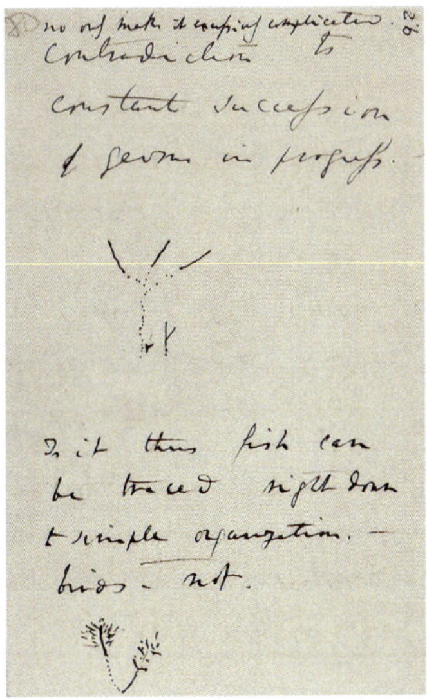

Figure 14. Darwin Charles, *Premier et deuxième diagramme de l'évolution*, 1837, tiré du Notebook B., dessins à la plume.
Aimable autorisation du Syndics of Cambridge University Library.

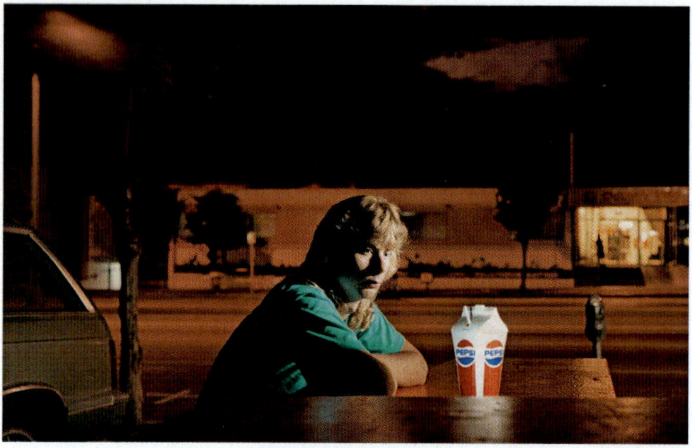

Figure 15. DiCorcia Philip-Lorca, *Brent Booth, 21 years old, Des Moines, Iowa, $ 30*, 1990-1992, tirage à développement chromogène, 60,3 × 91,1 cm.
Aimable autorisation de Philip-Lorca diCorcia et David Zwirner.

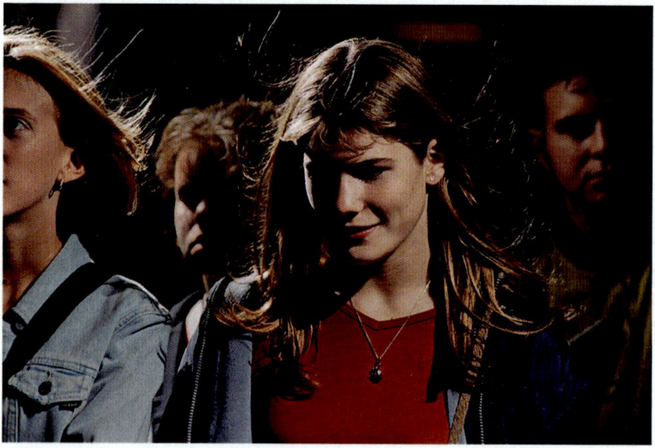

Figure 16. DiCorcia Philip-Lorca, *Head #23*, 2000, tirage à développement chromogène, 121,9 × 152,4 cm.
Aimable autorisation de Philip-Lorca diCorcia et David Zwirner.

Une fois une émotion vécue, elle fait son chemin dans notre mémoire, et se voit associée aux stimuli qui l'ont provoquée. Elle pourra être ramenée à la conscience, et donc revécue, par quelque événement capable de l'évoquer : qu'il s'agisse d'un souvenir, d'une perception, voire d'une impression. L'analogie, là encore, est reine : le monde est peuplé de stimuli capables de rappeler notre propre histoire et les émotions qui y sont associées. Damasio note :

> Songez par exemple à la maison où, lorsque vous étiez enfant, vous avez un jour vécu une peur terrible. Quand vous visitez cette maison aujourd'hui, vous pouvez ressentir une certaine gêne [car], il y a longtemps, vous avez éprouvé une puissante émotion négative dans ce même cadre. Il peut même arriver que, dans une maison différente, mais similaire, vous vous sentiez également mal pour la simple raison que vous pouvez détecter l'enregistrement cérébral d'un objet ou d'une situation comparable[7].

Nous avons largement présenté ce pouvoir de l'analogie et ces mécanismes mémoriels. L'émotion n'en complexifie pas la structure : tout au plus se fait-elle un autre système sensoriel stimulé par la mémoire et capable de la stimuler…

*

Les recherches sur l'émotion ont beaucoup insisté sur la relation entre mémoire épisodique et affect – et l'exemple de la maison d'enfance évoqué par

Damasio va aussi en ce sens. Il faut pourtant noter que la mémoire épisodique n'est pas la seule capable de faire lever les émotions ; plus discrète, la mémoire sémantique se révèle aussi dotée de cette capacité. Elle permet de comprendre pourquoi le pouvoir affectif de certaines expériences et de certaines images n'est pas qu'une affaire privée, singulière et intime, mais se révèle partagé. Puisque la peur de la nuit et du feu, ou la nature apaisante de l'eau, sont fondées sur des expériences communes, courantes et presque anthropologiques, les images représentant de tels thèmes, ou simplement capables de les évoquer, éveillent les émotions impliquées par ces expériences. Elles seraient donc capables de les communiquer.

Les métaphores primitives

Imaginons un tableau représentant, simplement, la mer. Une mer à perte de vue, une mer au moment où le soleil se couche à l'horizon. Cette image familière, usée par notre regard, un chromo au sens le plus strict, nous l'apprécions. Elle ne nous rappelle pas des vacances précises au bord de la mer, mais semble condenser en elle tous ces moments où la mer aura su nous apaiser. Notre désir de paix, de sérénité, trouve là une prise, un ancrage. Lorsque tout paraît tourbillonner autour de nous, lorsque nous sommes plongés dans le maelström de notre quotidien, prendre le temps de regarder cette image nous calme. D'un point de vue affectif, tout se passe comme si nous nous retrouvions soudainement au bord de la mer, comme si nous ressentions en nous son mouvement et le bruit régulier de ses vagues. Cet effet, nous ne sommes pas seuls à l'éprouver : les représentations d'une mer étale apaisent, tout comme certaines couleurs chaudes excitent, et d'autres, plus froides, calment[8].

Si les détails de notre vie affective nous sont propres, si les sentiments que nous éprouvons possèdent une tonalité singulière, ces détails et ces sentiments ont, malgré tout et souvent, des causes, voire une structure générale commune. Notre connaissance du monde est partagée : nous devons apprendre à nous tenir debout, à devenir propres, à nous méfier du feu ; nous savons que l'eau apaise notre soif, que la colère nous fait monter le sang à la tête. À l'aune des mécanismes analogiques de la mémoire, un certain nombre de caractéristiques de ces moments en viennent à être associées à l'expérience physique et subjective qu'ils proposent.

Ces associations, partagées car communes, fondent les bases d'une sémantique minimale que Joseph Grady, dans ses recherches en sciences cognitives, nomme des « métaphores primitives[9] ». Si le feu nous brûle et nous réchauffe, si sa couleur dominante est le rouge, il est assez naturel de considérer le rouge comme une couleur chaude. Cette sémantique minimale possède aussi un ancrage émotif : si les émotions fortes – l'excitation, la colère, le désir – font monter notre température corporelle, nous les associons de même, assez automatiquement, à la chaleur et au rouge. De telles combinaisons trouvent leur écho – nous verrons à quelles conditions – dans plusieurs cultures[10]. En raison de leur association au soleil – source de lumière, nous permettant de voir et de comprendre le monde –, on accorde une connotation positive aux couleurs claires et à ce qui est lumineux : nous avons ainsi les « idées claires » lorsque notre pensée s'organise ; on dira de quelqu'un d'intelligent qu'il est « brillant ». À l'inverse, on attribue à ce qui est sombre une connotation négative : « avoir des idées noires », « broyer du noir », nombre d'expressions françaises trahissent cette correspondance. On dit de même « *dark mood* » en anglais, pour parler de quelqu'un d'humeur maussade, ou « *Schwarzseher* » en allemand pour évoquer un pessimiste.

Les métaphores primitives trouvent leurs origines dans nos expériences tout autant que dans nos gestes ; elles nous permettent de lier des vécus corporels à des connotations psychologiques. Nous associons naturellement la difficulté d'une tâche à la lourdeur d'une chose : nos fardeaux, qu'ils soient psychologiques ou physiques, « nous pèsent », « sont lourds à porter », ou encore « nous font courber l'échine ». En raison de la façon dont nous nous déplaçons – nos yeux dans l'axe de notre marche et regardant vers l'avant –, nous nous représentons habituellement le futur comme devant nous et le passé derrière : c'est pourquoi l'existence humaine est, dans bien des langues, un chemin. On le comprend, ces métaphores premières en déterminent plusieurs autres, plus complexes : souligner qu'un argument est « solide » ou qu'une situation « ne sent pas bon », est le fait de métaphores primitives simples, progressivement assemblées entre elles[11]. Nombre de relations métaphoriques, et donc expérientielles, associent l'affection à la chaleur, l'importance d'un phénomène à sa taille, l'intimité à la proximité, le mauvais au puant, les difficultés à la lourdeur, le changement au mouvement, les objectifs à des destinations, la connaissance à la vue, la compréhension au geste de prendre, etc.[12]

Ces métaphores, fondées sur notre expérience du monde, sont souvent transculturelles. Comme le souligne Grady :

> Ces motifs tendent à être translinguistiques, car ils sont motivés par des corrélations et des correspondances à ce point fondamentales et inévitables qu'elles ne varient pas d'une culture à l'autre – aucune connaissance culturelle n'est nécessaire pour associer température et sentiment, poids et difficulté, etc.[13]

En cela, il ne s'agit pas de prétendre à une symbolique fondée sur quelque archétype jungien à l'œuvre, ou quelque approche essentialiste du langage, mais simplement de rappeler que notre condition corporelle et physique fonde notre appréhension du monde, et l'interprétation que nous en faisons[14]. Fondées sur des relations signifiantes bidirectionnelles – la chaleur connote l'affection, tout comme l'affection la chaleur –, ces métaphores primitives se font un formidable moyen de communication affective. Une telle connotation n'est pas toujours notée consciemment ; discrète, elle opère en silence et colore – littéralement – notre existence[15].

L'hypothèse de ces métaphores primitives, de ces associations provenant de notre expérience du monde, n'a d'ailleurs pas attendu les sciences cognitives pour être formulée : déjà au XVIIIe siècle, Edmund Burke en avait fait une présentation assez claire. Il soulignait d'ailleurs l'origine parfois infantile de ces premières associations, sources des métaphores primitives. Il soulignait :

> En recherchant les causes des passions, on tombe sur un obstacle important qui vient de ce que, bien souvent, leurs motifs, ainsi que les mouvements auxquels elles obéissent, apparaissent à un âge auquel nous ne sommes pas capables de réfléchir, et dont toute espèce de mémoire s'est effacée de notre esprit. Car, à côté de ce qui nous touche suivant des pouvoirs naturels, il est des associations qui se sont produites au début de la vie, et que nous avons ensuite beaucoup de peine à distinguer des effets naturels[16].

Cela dit – il ne faut pas le nier –, ces métaphores primitives impliquent, en raison même de leur nature expérientielle, des nuances culturelles et individuelles. Elles transmettent, en cela, moins une signification fixe qu'une tonalité affective, acceptant des variations selon les contextes et la diversité des expériences personnelles[17].

Songeons à l'artiste Bill Viola qui rappelle souvent l'un de ses souvenirs d'enfance :

> J'avais six ans et je suis tombé dans un lac, où j'ai coulé jusqu'au fond. C'est mon oncle qui m'a sorti de l'eau. Ce fut l'un des moments clefs de ma vie, et que cela me soit arrivé alors que j'étais jeune fut une bénédiction, car « le gars en haut » qui pense tout le temps n'a pas eu le temps de s'en mêler. C'était assez pur. Une des choses importantes que j'ai réalisées alors que j'étais au fond de l'eau, c'est qu'il existe – littéralement et métaphoriquement – un autre monde. Ce fut un apprentissage extrêmement profond[18].

Pour lui, l'eau ouvre à un ensemble de connotations : elle tient d'un autre monde, à la fois beau, paisible, transitoire et mystérieux. Tout son travail vidéo est d'ailleurs fondé sur la force d'évocation de cette expérience primitive. Or, la force de ses œuvres tient aussi à la proximité de cette expérience à notre propre vécu – certes souvent moins dramatique – de l'eau : c'est cette expérience partagée qui permet d'être ému par ses œuvres.

Les métaphores primitives ne sont pas des recettes significatives secrètes, mais figées, de celles dont rêvent les publicitaires : elles ne sont – mais c'est déjà beaucoup – que l'une des facettes du pouvoir affectif des images. Si l'on a pu prouver que la couleur rouge et son excitation produisaient du stress et de l'anxiété sur les murs d'un milieu de travail, leur effet est bien différent sur des sous-vêtements, ou sur une voiture sport, voire sur un visage[19]. En cela, la force métaphorique des couleurs n'existe pas indépendamment de l'objet ou du sujet qui les porte, voire simplement du contexte où cette couleur est employée : ces objets, ces sujets, ces contextes cadrent les métaphores primitives et leur interprétation.

*

Les métaphores primitives forment malgré tout certains des blocs de base de notre appréhension affective des images. Fonctionnant comme des types cognitifs, elles se font un moyen, pour l'artiste, d'émouvoir le spectateur ; puisant dans sa propre histoire, dans ses expériences, il présume qu'elles trouveront écho dans son audience. Tout un champ de l'art tient ainsi d'une rencontre intersubjective et affective, médiatisée par ces métaphores.

Au cinéma, le recours aux métaphores primitives est omniprésent et assumé, que ce soit dans l'esthétique du film (l'utilisation des lentilles, les filtres, les cadrages, la photographie, les décors et la production), ou dans son scénario (l'histoire, les personnages et la structure narrative). Ces métaphores transmettent, en sourdine, l'ambiance affective générale de la production.

Pour évoquer un cas évident, les films noirs – surtout dans leur forme policière, pensons à *Seven* (1995) de David Fincher – s'accompagnent immanquablement d'une météo pluvieuse, écho à l'humeur des protagonistes, et du recours à des filtres bleus donnant une tonalité froide, mystérieuse et triste à l'image[20]. Même la manière de cadrer un film est influencée par ces métaphores primitives et les affects qu'elles permettent de transmettre. Un cadrage serré sur les personnages, sur les visages, crée un effet oppressant, comme si le spectateur était lui-même prisonnier. À l'inverse, un cadrage plus ouvert, plus large et ainsi plus lumineux permet au spectateur de respirer. Le film *Premier Contact* (2016) de Denis Villeneuve est d'ailleurs organisé autour d'un lent recul du cadrage, où la couleur émotive du film passe de la mélancolie à une forme d'apaisement et de révélation : la luminosité de plus en plus grande symbolisant, dans ce film comme dans bien d'autres, la compréhension et la sagesse.

De même, on ne compte plus les films fondés sur l'emploi de métaphores primitives comme base scénaristique. Pensons à tous ces films d'aventures ou ces *road movies*, simples et efficaces, où le but du héros est une destination, et où la construction du film est chronologique et linéaire (par exemple, l'emblématique *Easy Rider* réalisé par Dennis Hopper en 1969). Pensons aussi à ces films fantastiques où la laideur des monstres trahit leur vilenie morale (songeons aux *Griffes de la nuit* réalisé par Wes Craven en 1984). Ces métaphores primitives ne fonctionnent pas en vase clos ou de manière autonome : elles croisent les autres mécanismes sémantiques de l'image : sa signification, les désirs qu'elle soulève, les identifications qu'elle autorise. Ces métaphores peuvent ainsi participer à la signification générale de l'œuvre, la rendant plus claire et univoque. Mais parfois encore, elles entrent en tension avec sa signification obvie ; elles ouvrent son message et le rendent, par-là, inépuisable.

Si le célèbre tableau *L'Île des morts* (1883) de Arnold Böcklin (fig. 10) fascine autant, c'est sans doute en raison des tensions contradictoires organisant la représentation, entre la forêt sombre de cyprès et cette lumière dorée tombant sur les pierres, entre la barque sombre et le cercueil blanc ; autrement dit : entre mélancolie et espoir. L'équivoque de la mort se voit reprise dans les couleurs et les métaphores organisant la représentation. Comme le note Kerstin Thomas : « le cercueil enveloppé de blanc est somptueusement couvert de fleurs, et le mystérieux personnage de dos, entièrement vêtu de blanc, traduit la grandeur et le recueillement[21] ». Cette peinture est bien plus que la simple illustration d'une âme allemande mélancolique et pessimiste, comme l'affirmait par exemple le critique d'art et galeriste Julius Meier-Graefe. Son ambiguïté et l'espoir qu'elle évoque en ont fait une œuvre irréductible aux emprunts idéologiques dont elle a été victime[22].

Toutes les images et toutes les œuvres d'art sont travaillées par ces métaphores primitives. Rarement pourtant portons-nous sur celles-ci une attention consciente ; rarement nous arrêtons-nous à ce qui, dans l'image, leur donne forme. Elles teintent pourtant notre compréhension et l'état affectif produit par l'œuvre. Les créations abstraites constituent peut-être une exception, en ce que le vide représentatif des images permet de s'attarder sur leur pouvoir métaphorique[23]. On parlera, en cela, du « dynamisme », du « rythme », d'une image pour évoquer le mouvement qui l'anime et l'effet qu'elle produit sur nous. On traitera de sa chaleur, de sa nature froide, à la fois pour souligner ses couleurs dominantes, mais aussi l'impact subjectif et affectif de ces couleurs sur nous[24].

Les discussions et les débats entourant *Onement I* (1948) de Barnett Newman (fig. 11) sont pour la plupart fondés sur des métaphores primitives. Le trait vertical irrégulier organisant la composition, le fameux « zip », semble pour certains la marque d'une ouverture, d'une brèche dans la composition. Cette ligne rouge, comme incandescente, se détache sur un fond monochrome, et dévoile quelque chose d'initial, comme l'apparition d'un monde. Nombre de spectateurs y auront vu une connotation biblique, l'évocation du mythe de l'origine et de ce premier geste de séparation et d'organisation de l'univers. Cette ligne verticale semble ainsi lier le ciel et la terre, indiquer leur soudaine relation. D'autres auront reconnu, dans la position centrale du « zip », l'évocation de la forme verticale par excellence : l'humain. Le titre de l'œuvre aide d'ailleurs à cette interprétation. À l'aune d'une telle lecture, le tableau semble alors renvoyer aux figures de Giacometti, et certains auront cherché les références explicites de Newman au sculpteur italien.

Ces différentes interprétations, pour diversifiées qu'elles soient, découlent pourtant toutes des métaphores primitives présentes dans la texture même de l'œuvre. Elles offrent ainsi une sémiotique minimale, servant d'ancrage à l'érudition et, plus généralement, à l'interprétation.

L'émotion exprimée et l'émotion perçue

Or, certains effets des images semblent échapper à toute métaphorisation. Confrontés directement à des corps, à des visages, nous réagissons non pas à partir de notre mémoire et de notre histoire, voire d'une quelconque métaphore, mais de nos nerfs mêmes. Ces images nous interpellent presque malgré nous : elles paraissent s'imposer à notre conscience et trouver leur force dans un cabrement du corps plus que de l'esprit. La joie de l'autre, sa douleur se font alors nôtres.

L'œil a un tropisme pour le corps humain, et tout particulièrement pour son visage[25]. Nous comprenons les expressions de l'autre le plus souvent naturellement et, sans que nous en soyons conscients, elles nous affectent. Même la tristesse d'un personnage représenté sur un tableau et de plusieurs siècles mon aîné sait me plonger dans un léger *spleen*. Pas toujours certes, et pas dans toutes les circonstances, mais cette possibilité mérite d'être interrogée : pourquoi cette peine semble-t-elle se faire mienne ? Pourquoi, déjà, semblons-nous comprendre les affects de l'autre, alors même que nous ne comprenons rien de sa langue, de sa culture ?

*

Des siècles nous séparent du *Judith et Holopherne* (1598) du Caravage (fig. 12), de son contexte, voire d'une certaine familiarité avec son iconographie. Et pourtant, les émotions de ses personnages nous sont familières. Nous les reconnaissons, elles nous permettent d'éprouver et de comprendre ce qui se joue dans la représentation. Le visage de la servante de Judith, à droite, les yeux écarquillés et fixes, les lèvres closes, exprime la stupeur et la passivité. Celui d'Holopherne, renversé, gueule ouverte semblant chercher son dernier souffle, manifeste la surprise et la douleur. L'expression de Judith est plus singulière : les sourcils froncés et le visage concentré, elle semble à la fois dégoûtée et fascinée par la violence de son propre geste. Plusieurs l'auront souligné, son expression anticipe et reprend celle du spectateur ; elle occupe notre propre position face à cette violence, à la fois dégoûtée et curieuse, ne pouvant détourner le regard. Le sens de cette représentation transige largement par notre capacité à reconnaître, si ce n'est à ressentir, les émotions de ces personnages. Comment une telle chose est-elle possible ?

Darwin et l'expression des émotions

Certains éléments de réponse nous sont offerts par Charles Darwin, dans son ouvrage *L'Expression des émotions chez l'homme et les animaux* (1872), moins connu et fréquenté que *L'Origine des espèces*, mais tout aussi fondamental[26]. Darwin y note que l'expression des émotions manifeste une considérable stabilité entre les espèces, car elle est fondée sur des déterminations biologiques. En cela, les expressions des grands singes, par de nombreux aspects, ont les mêmes formes que les nôtres[27]. De même, ces expressions, ancrées dans notre corps, sont-elles résistantes au temps, tout comme aux variations culturelles. Comme le soulignait déjà Darwin à propos de la frayeur :

> nous pouvons croire que, dès les temps les plus reculés, la frayeur fut exprimée d'une manière presque identique à celle que nous connaissons encore aujourd'hui chez l'homme ; je veux dire par le tremblement, les cheveux hérissés, la sueur froide, la pâleur, les yeux démesurément ouverts, le relâchement d'un grand nombre de muscles, et la tendance qu'éprouve le corps à se blottir ou à rester immobile[28].

Nombre de nos expressions émotives – la joie, la tristesse, la colère, le mépris – proviennent de réactions physiques. Darwin anticipe là les conclusions des neurosciences : les expressions émotives humaines gardent la trace, parfois ténue, de cette relation première. Qu'on songe : la douleur contracte nos muscles, dans un réflexe de protection qui nous échappe largement ; la souffrance psychique produit un effet analogue, en ce qu'elle est, fondamentalement, une déclinaison psychologique de la douleur physique. À ne voir que le visage d'un sujet, il peut d'ailleurs être difficile de distinguer si la douleur exprimée est de nature psychique ou physique.

Si corps et le visage se crispent pour la douleur et la souffrance, ils se relâchent et s'abaissent dans le cas de la tristesse. Dans le cas du mépris, la bouche et le nez se rehaussent. Nous connaissons le sens de ces gestes, nous produisons les mêmes dans des circonstances analogues : ils trouvent leur origine dans les conditions physiques de notre vie émotive.

Certes, chez l'homme, ces fondements naturels de l'expression des émotions permettent de considérables écarts, qu'ils soient personnels, culturels ou historiques[29]. Songeons seulement à quel point il est souvent socialement risqué de laisser libre cours à l'expression de nos émotions. Nous tentons ainsi de masquer notre mépris ou notre tristesse, notre colère ou notre amertume, à travers l'expression d'une autre émotion : ce petit sourire qui dissimule notre tristesse, cet éclat de rire qui cache notre colère.

Rarement pourtant pouvons-nous simplement éteindre une émotion qui nous habite ; celle-ci, ne pouvant se manifester librement, cherche d'autres exutoires, se déplace, le corps exprimant ce que le visage doit cacher. Impatients, nous trépignons du pied ; en colère, nous serrons les dents. Ces dissimulations et ces déplacements suivent certaines lignes d'intensité : de la tristesse au repli physique, de la colère au geste d'impatience, de l'excitation au trépignement. Voilà pourquoi, lorsque l'émotion est puissante, rarement ce camouflage berne-t-il complètement : nous savons remonter le fil de ce petit sourire à la tristesse qu'il cache ; de ce serrement de dents à la colère qu'il dissimule.

L'expression des émotions n'ouvre pas à un pur relativisme : nous demeurons le plus souvent capables de les comprendre, en dépit de leur singularité ou de leurs déplacements[30]. Comme le notait Darwin : « le même état d'esprit s'exprime dans le monde entier avec une uniformité remarquable[31] ». La raison en est simple : c'est d'abord du corps qu'émerge la communauté expressive existant entre nous.

Une telle thèse aura trouvé écho en histoire de l'art. Elle aura largement fondé les notions de survivance (*Nachleben*) et de formule de pathos (*Pathosformel*) qu'Aby Warburg – un des pères fondateurs de l'histoire de l'art – a développées au début du XXe siècle. Pour Warburg, si l'art est tributaire d'une organisation symbolique à la fois contextuelle et en cela contingente, il est pourtant traversé de motifs et de formes survivantes. Ces motifs, fondés sur des gestes et des expressions du corps, ne sont pas le fruit du hasard. Proche en cela de Darwin, Warburg notait que nos gestes de douleur et de désir sont communs, partagés, et représentés en art de manière quasi identique à travers les époques : en cela, ils survivent. Au sujet de l'ouvrage de Darwin, *L'Expression des émotions chez l'animal et chez l'homme*, il écrivait : « Enfin, un livre qui m'apporte de l'aide[32] ».

Les expressions émotives permettent ainsi une histoire de l'art organisée non pas par périodes, mais par motifs, par expressions, par gestes. Trop novatrices, puisque souhaitant suivre les motifs de l'art au-delà des périodisations classiques, les hypothèses warburgiennes furent boudées pendant la plus grande partie du XXe siècle. Elles trouvent pourtant, depuis une trentaine d'années, de nouveaux et singuliers prolongements dans le champ des neurosciences[33].

Les gestes en soi

Antonio Damasio, synthétisant près de 10 ans de recherches provenant tant de la neurologie que des sciences cognitives, donne une nouvelle vie aux conclusions darwiniennes en soulignant que non seulement certaines expressions et certains gestes de l'autre sont compris sans même que nous ayons besoin de les interpréter, ils sont également recréés, rejoués en nous. Notre cerveau simule en lui les gestes de l'autre, un peu comme s'il les avait faits lui-même. Damasio rappelle, pour illustrer ce phénomène, une étude de Dimberg, Thunberg et Elmehed de 2000, où :

> des individus normaux à qui on montrait des photographies représentant une émotion activaient immédiatement et finement les groupes de muscles de leur visage qui leur auraient été nécessaires pour réaliser les expressions émotionnelles représentées sur les photographies[34].

Cette stimulation du corps du sujet percevant est largement subconsciente ; à l'époque des premières recherches de Damasio sur le sujet, elle était toutefois déjà mesurable par les changements électromyographiques dans le système nerveux du sujet, soit par une augmentation de la tension électrique dans les muscles responsables du geste ou de l'expression. Depuis la publication de *L'Erreur de Descartes* en 1994, où Damasio abordait pour la première fois ce phénomène en parlant de « boucles corporelles du comme si », les neurosciences ont cerné de singuliers neurones situés dans les régions responsables du mouvement (entre autres près du cortex prémoteur ventral) qui réagissent et s'activent tant lorsque nous réalisons une action, que lorsque nous ne faisons que l'observer. Ils les ont nommés les « neurones miroirs[35] ».

Comme les premières expériences sur les neurones miroirs ont été réalisées sur des singes, ce sont d'abord les gestes de préhension et ceux servant à amener un objet à la bouche qui ont été analysés[36].

Les recherches plus récentes confirment cependant ce mécanisme chez l'humain, lui trouvant même une étendue plus grande : les neurones miroirs agissent certes lors de l'observation de gestes de préhension, mais aussi lorsque nous voyons des gestes dont le but est distant et indirect, comme dans les expressions faciales, ou complexe, comme dans le cas de sports[37].

Et quelle fonction les neurones miroirs auraient-ils ? Pour Gallese et Goldman, ils joueraient un rôle clef dans l'apprentissage : « Lorsque nous acquérons de nouvelles habiletés motrices, les premières phases d'entraînement sont souvent consacrées à observer et tenter de reproduire les gestes d'un instructeur. Les neurones miroirs, en principe, facilitent ce genre d'apprentissage[38] ». Les études empiriques tendent à vérifier une telle hypothèse, l'observation d'une action complexe nous permet de la réaliser beaucoup plus rapidement, même si nous ne l'avons jamais faite auparavant : il est un apprentissage par l'observation transitant non pas par une compréhension intellectuelle du geste, mais par sa recréation intime. De même, l'observation d'expressions faciales stimulerait les neurones miroirs, nous permettant non seulement de les répéter plus aisément, mais également de saisir les émotions et les intentions impliquées[39].

L'image, l'empathie et l'art

La pensée est analogique, on a pu le constater. Il est aisé de comprendre comment les neurones miroirs sont stimulés non seulement par des actions et des émotions, mais aussi par la simple présence d'objets associés à ces gestes : la vue d'un outil ou d'un fruit, par exemple, active les régions responsables de la préhension. Le recours à l'image, pour sa part, n'empêche en rien la stimulation en nous du geste observé : la plupart des tests sur les neurones miroirs sont d'ailleurs réalisés à partir d'images. Tout au plus, le recours à la représentation atténue-t-il peut-être légèrement l'intensité de cette réaction[40].

Dans un article publié en 2007, David Freedberg, historien d'art, et Vittorio Gallese, chercheur en neurologie, appliquent ces conclusions à l'histoire de l'art, articulant neurologie et esthétique. L'article s'ouvre d'ailleurs sur une citation célèbre d'Alberti : « L'histoire touchera les âmes des spectateurs lorsque les hommes qui y sont peints manifesteront très visiblement le mouvement de leur âme ». Pour les auteurs, les neurones miroirs contribuent à expliquer l'effet physique et, plus généralement, la fascination exercée par les œuvres d'art sur les spectateurs. Un tel effet survit même dans les images les plus anciennes ; les émotions qu'elles contiennent, recréées en nous, demeurent tout à fait vivantes[41]. Comme ils le synthétisent dans un texte ultérieur :

> Nous prétendions qu'aucun jugement esthétique n'est possible sans prendre en considération les effets miroirs [*mirroring mechanisms*] – engagements empathiques ou investissements corporels simulés – activés dans la foulée de l'observation visuelle. Deuxièmement, nous notions que de tels processus pouvaient être préconscients, et ne pas dépendre de la perception consciente, elle-même nourrie de processus cognitifs et de fondements culturels (comme dans l'esthétique traditionnelle). Troisièmement, nous suggérions que l'habileté des artistes est tributaire de la manière dont ils recourent, de manière plus ou moins consciente, à ces « effets miroirs » pour provoquer des réponses émotives et motrices [...][42].

Leur position a fait débat. On y a d'abord perçu une réduction de l'expérience esthétique à une affaire d'empathie, laissant entre autres dans l'ombre la question du style[43]. Le texte fait de même souvent l'impasse sur la nature équivoque et polysémique des œuvres d'art pour insister sur leurs effets empathiques. Cela dit, si on peut leur reprocher certaines tournures parfois réductrices et certains exemples peu convaincants, leurs conclusions sont fort stimulantes et ouvrent à des pistes fécondes pour réfléchir, entre autres, le rapport que nous entretenons aux personnages représentés dans les œuvres.

Regardons le tableau de Jean-Siméon Chardin, *Le Château de cartes* (vers 1737) ; notons la posture de ce jeune garçon concentré, ses joues rouges, son sourire retenu, toute son attention portée sur sa construction délicate (fig. 13). Michael Fried, célèbre historien d'art, nomme *absorbement* ces moments où le sujet d'une composition est plongé dans une activité spécifique – lire, jouer d'un instrument, coudre, écrire, regarder. Pour Fried, puisque le personnage représenté ignore le spectateur, puisque son attention est focalisée sur son action, il habite donc un monde distinct, autonome. Selon l'historien d'art américain, c'est cette autonomie dramatique et fictionnelle qui donne à l'art classique toute sa force[44]. Or, cet absorbement du protagoniste a peut-être, à l'aune des neurones miroirs, un autre effet : le jeune garçon de Chardin, par ses gestes reproduits en moi, me fait entrer dans son univers, et dans son jeu ; il m'en fait le participant. Ainsi, à le regarder, je retiens un peu mon souffle. Le temps semble ralentir ; on dirait que mon corps s'imagine tenir d'invisibles cartes, se concentrer sur d'infimes gestes. Tout se passe comme si, entraîné malgré moi, je me mettais à construire ce château de cartes avec lui. En cela, non seulement l'absorbement ouvre l'univers fictionnel, mais il fait mienne la posture représentée.

CHAPITRE 4

L'image et le désir

> Je vous étonnerais bien si je vous disais que toutes ces choses-là et leur ressouvenir sont toujours ce que j'appelle à mon secours quand je veux m'étourdir sur ma situation.
>
> D. A. F. DE SADE,
> lettre à sa femme, 1782.

Il nous reste à aborder une dernière émotion : le désir. Ce désir est au cœur de notre plaisir à fréquenter les images et à les créer. Si nous avons une passion aussi dévorante pour les images, c'est qu'elles savent exciter nos désirs, les faire naître, les stimuler, les assouvir.

Notons-le d'emblée, il peut paraître singulier de penser le désir comme une émotion ; ce dernier paraît trop humain, trop inhérent à notre condition symbolique – comme le disent les psychanalystes – pour renvoyer à des déterminations biologiques[1]. Et pourtant, nous le verrons, le désir tient bel et bien de l'émotion ; il est ce mouvement interne, cette excitation qui nous anime lorsque nous cherchons à apaiser quelque besoin, quelque manque. Il est ainsi tributaire des autres pulsions organisant la psyché humaine ; il dépend des autres émotions et rend possible leur assouvissement. Il a partie liée aux images : non seulement celles-ci le stimulent, sachant nous exciter ou nous affamer, nous défouler ou rendre envieux, mais s'en font la matière même. Nos désirs ne se manifestent à la conscience que sous la forme de scènes imaginées – des scènes représentant leur assouvissement. Ces représentations, autant que l'excitation qui les accompagne, définissent ce que nous entendons par désir. Mon désir de reconnaissance s'exprime par une scène où ma valeur est enfin reconnue ; mon désir charnel se manifeste à travers un fantasme sexuel plus ou moins détaillé et précis.

Le désir et l'image

Si le désir est l'appel à la résolution d'une émotion, d'un manque, il n'est pas sans caractéristiques propres. Il possède sa propre couleur affective et ses propres mécanismes, ses propres règles et ses propres lois. Comme le décrit Jaak Panksepp, le désir (qu'il nomme pour sa part le *seeking system*), produit : « une énergie psychique difficile à décrire, mais qui ressemble à ce sentiment d'anticipation vivifiant que nous éprouvons lorsque nous sommes à la recherche d'excitations ou de récompenses[2] ».

Penser le désir comme une émotion singulière permet déjà d'éviter de confondre le désir et son assouvissement. Plus exactement, le désir est l'attente et l'effort vers l'assouvissement ; il décrit l'état psychologique et physique que cet effort et cette attente impliquent. Lorsqu'il touche la conscience, il est la rencontre entre une animation intérieure et les stimulations du monde. Comme une fulgurance, il relie subitement les deux, sans que nous sachions toujours ce qui aura primé dans cette manifestation. Pourquoi soudain ce désir de plein air, de nature, d'évasion ? Est-il le fruit d'une frustration – ces petites déceptions professionnelles, cette surcharge de travail – qui prend soudainement le dessus et qui m'incite à fuir ? Ou est-ce simplement la lumière de ce coucher de soleil innondant mon bureau qui réorganise l'ordre de mes priorités ?

Notre animation intérieure, en soi, est très complexe : elle est le fait d'un tourbillon où nos manques, nos émotions primitives, nos pulsions, nos besoins, nos souvenirs et nos désirs inconscients se conjoignent et se contredisent, se nouent et s'opposent. Voilà pourquoi il est difficile de déterminer, chez l'homme, une source unique et singulière à sa vie psychique. La psychanalyse lacanienne aura sans doute été la discipline ayant détaillé avec le plus de complexité l'organisation des pulsions, des manques et des désirs fondant notre subjectivité[3].

Si nos besoins et nos manques trouvent leur poussée initiale dans des émotions primitives, sculptées par notre biologie, celles-ci sont sans cesse détournées, inclinées par l'ordre social – éducation, normes et valeurs de notre culture, etc. – dans lequel nous prenons place. Nos pulsions sexuelles se font désirs de tenir certes d'une émotion, mais aussi de la manière dont cette émotion est remodelée par l'ordre (symbolique) du monde dans lequel nous sommes inscrits, puis teintée par notre propre histoire, avec ses traumatismes et ses singularités.

Une telle vie intérieure ne se manifeste souvent à la conscience qu'à être excitée par quelque objet extérieur. En effet, le désir qui soudain s'empare de nous n'est pas uniquement le fruit de notre vie intérieure ; nos manques et nos émotions ont le plus souvent besoin, pour se manifester, d'un stimulus actuel capable de leur donner vie. Le désir trouve ainsi sa forme concrète dans notre contact au monde, en ce qu'une stimulation quelconque vient résonner au creux de notre intimité, l'organiser, lui donner forme. Cet avion dans le ciel me donne le goût de voyager ; ce reflet dans l'eau celui de plonger.

En tant que stimulus – rappelons-nous Eco –, l'image est habile à exciter nos désirs, à rappeler à notre conscience un manque. Le plus souvent, nous désirons, à travers la représentation, le référent qu'elle évoque : non pas exactement cette image, mais le corps qu'elle représente, non pas cette représentation, mais l'objet qu'elle désigne. L'image investie vacille et tremble ; elle se fait, selon les instants, une simple représentation ou alors l'objet même auquel elle renvoie.

Un tel pouvoir est spontanément associé à la publicité, qui en use et abuse : elle ne l'a toutefois pas inventé. L'art a multiplié les moyens, depuis Parrhasios et ses raisins peints, de susciter le désir, de l'entretenir. Comme on l'écrivait encore à la Renaissance : « [une peinture] fera en sorte que le spectateur [...] désire être l'époux d'une belle femme lorsqu'il la voit figurée nue, éprouve de la sollicitude si la peinture reflète l'affliction, sente son appétit s'éveiller à la vue d'un festin[4] ». L'œuvre d'art nous saisit comme être désirant, et se fait le miroir de ce qui nous anime intérieurement.

Mieux, l'image est dotée non seulement du pouvoir de stimuler notre désir, mais même de lui donner forme, de l'incliner, de le structurer. Platon, déjà, reprochait à la poésie, au théâtre et aux images d'inciter les jeunes à se laisser aller à leurs sentiments, d'être emportés par la tristesse ou le rire des acteurs. Dans la *République*, il soulignait :

> Car ce désir de provoquer le rire, que, d'un côté, par le raisonnement, tu contenais en toi-même, craignant de te faire une réputation de bouffonnerie, alors, en revanche, tu lui donnes libre cours ; et, comme à ces occasions tu l'as rendu vigoureux, tu ne t'es pas aperçu

que maintes fois il se transportait dans ta conduite propre au point de te changer en un faiseur de comédies[5] !

Il ajoutait d'ailleurs :

> le plus grand des méfaits de la poésie, nous ne l'en avons pas encore accusée : c'est qu'elle est capable de contaminer même les sages, à l'exception de quelques-uns en très petit nombre ; ce qui est, je pense, tout ce qu'il y a de plus horrible[6] !

Si Platon condamne presque sans exception ce pouvoir de contagion attribué à la représentation, rappelons pourtant que la psychanalyse démontre clairement depuis plus d'un siècle que l'identification – la version positive de cette contagion – est au cœur des constructions identitaires positives du sujet[7]. Elle permet l'admiration, fonde certains des plus puissants mécanismes de reconnaissance.

Dans le champ de l'art, un des exemples célèbres d'identification positive tient à l'impact des photographies et de la vidéo de Jackson Pollock réalisées par Hans Namuth en 1950 : ces images ont largement contribué à construire, dans les décennies qui suivent, une nouvelle identité artistique. Pollock y apparaît en pleine création, survolant ses toiles, comme une figure à la fois virile et en transe, une figure absorbée par l'intensité de son propre geste artistique. Les jeunes artistes de la performance allaient puiser dans de tels gestes, dans une telle identité, pour s'autoriser des œuvres de plus en plus audacieuses – et viriles.

Ils allaient forger, par le biais de ces images, un nouveau modèle de subjectivité[8]. Un tel phénomène s'est accéléré et généralisé dans les années 1980 et 1990 : plusieurs adolescents ont trouvé dans les identités des chanteurs populaires et rock de nouvelles manières d'être, et de vivre leur identité sexuelle. Les décès récents de David Bowie et de Prince nous rappellent le rôle qu'ils ont pu jouer dans la fabrication d'identités déplaçant les catégories traditionnelles du genre.

*

L'image n'est pas simplement capable d'organiser nos désirs ou de les forger. À proprement parler, le désir même est une image : désirer, c'est déjà imaginer. C'est figurer un contexte où ce désir, puisant à même l'économie de nos manques, de nos aspirations, saura s'incarner. Comme le formule Deleuze dans son *Abécédaire* :

> quand une femme désire une robe, tel chemisier, c'est évident qu'elle ne désire pas telle robe, tel chemisier dans l'abstrait, elle le désire dans tout un contexte de vie à elle qu'elle va organiser, elle le désire non seulement en rapport avec un paysage, mais avec des gens qui sont ses amis, ou avec des gens qui ne sont pas ses amis, ou avec sa profession, etc. Je ne désire jamais quelque chose de tout seul. Je ne désire pas un ensemble non plus, je désire dans un ensemble[9].

J'identifierai les amis avec qui je porterai cette pièce de vêtement, j'anticiperai mon état d'âme ; je souhaiterai plaire à telle personne, impressionner telle autre. Si le temps m'est donné, j'ajouterai des détails à cette scène, la complexifierai : un désir, s'ajoutant à un autre, puis à un autre encore, délimitera progressivement les contours de ma vie intérieure. Je ferai des images.

Bien rarement le désir s'épuise-t-il de lui-même. Au contraire, plus il est intense et plus la stimulation du monde extérieur capable de nous en arracher doit être puissante. Comme le soulignent Kavanagh, Andrade et May à propos du manque :

> La rêverie est une manière efficace de maintenir et d'exacerber le manque, car elle active les routes neuronales de l'émotion et de la motivation. Les fantasmes de consommation provoquent une forte réaction émotive et possèdent un réel pouvoir de motivation en raison de leur similarité avec l'expérience de consommation elle-même[10].

Plus nous nous investissons dans ce désir, plus il tend à nous accaparer, à gagner en intensité, à se peupler d'images. Lorsqu'il ne fait que flotter à la périphérie de notre conscience, il peut être chassé par une distraction extérieure, voire par le simple papillonnement de notre attention. Lorsqu'il en vient à occuper le centre de celle-ci, il se voit doté d'un considérable pouvoir de prolifération, il s'enfle à des proportions écrasant parfois tout le reste de la vie consciente. Lorsque le manque est puissant, une simple évocation, un détail peut se faire le prétexte suffisant à l'expression d'un désir. Dans ces instants, nous sommes hypersensibles ; nos manques changent les couleurs du monde, saturant celles des situations et des objets en permettant l'assouvissement[11].

Voilà pourquoi il est parfois difficile de déterminer où s'arrête le pouvoir de la représentation en tant que stimulus et où commence celui de nos désirs à se projeter sur le monde et sur les images. Il faut dire que l'image, à nous proposer une surface soumise et labile, parcellaire et parasitaire, nécessite notre manque pour prendre vie. L'exemple des représentations érotiques l'illustre bien : elles ne tirent leur pouvoir que de la rencontre entre leur forme singulière et ces scénarios intimes du sujet qui les animent et les contextualisent. Ce n'est jamais telle ou telle image que je désire, mais le fantasme qu'elle supporte et qu'elle permet de matérialiser.

*

Cela dit, nous ne faisons pas que nous perdre dans les images, elles ne sont pas toujours – pas uniquement – un lieu de confusion affective entre la réalité et la fiction. Bien au contraire, l'investissement affectif qu'elles autorisent nous permet parfois, prenant un temps de recul sur la vie émotive qui nous anime, d'assister à son déploiement. Il devient alors possible de noter les saillances et les couleurs de notre propre vie fantasmatique. L'image sait se faire – il nous faut maintenant en prendre la mesure – un lieu de compréhension de notre vie affective.

Émotions, désirs, sentiments

> Chez les humains adultes, les processus instinctuels peuvent être difficiles à observer, car ils ne s'expriment pas directement dans les comportements : ils sont plutôt filtrés et modifiés par les activités cognitives. Ainsi, chez les humains, plusieurs instincts se manifestent seulement comme des tendances psychologiques subtiles, comme des sentiments subjectifs guidant les comportements.
>
> JAAK PANKSEPP,
> *Affective Neuroscience : the Foundations of Human and Animal Emotions*[12].

Nombre de neuroscientifiques opèrent une distinction fondamentale au cœur de l'émotion : ils différencient ce qui tient de la réaction biologique, largement inconsciente – *l'émotion* à proprement parler –, de ce qui tient plutôt de la perception consciente de cette réaction – le *sentiment*. Si la plupart des animaux ont des émotions, ils n'en ont pas d'appréhension consciente, d'où leur impuissance face à l'animation intérieure qui les gagne. L'homme, de son côté, est traversé de sentiments ; il pourrait ainsi exercer sur cette vie intérieure quelque autorité[13].

Rappelons-le, l'éducation veille à permettre à l'enfant d'identifier ses émotions et les sentiments qu'elles produisent. Elle veille aussi à porter un jugement moral sur celles-ci, condamnant la colère et la rage, valorisant la pudeur et l'empathie : aussi le sujet apprend-il progressivement à réagir à sa vie émotive, à la maîtriser. Substituant un sentiment à un autre, tentant de reprendre la barre des mouvements affectifs qui l'animent, celui-ci réussit parfois à atténuer ses réactions émotives premières.

Ce pouvoir est limité, bien sûr. Certains affects, tenant presque de l'ambiance émotive générale, œuvrent dans le silence de la conscience, et d'autres, pourtant violents, demeurent inexplicables. Aussi avons-nous besoin de détours pour révéler cette vie intérieure : parfois pour la comprendre, parfois simplement pour offrir aux émotions un espace où se manifester.

Émotion et catharsis

Rarement notre vie émotive peut-elle s'exprimer librement : nos conditions sociales ne nous autorisent, finalement, que des moments bien précis pour être « émotifs », et pour explorer nos sentiments. On se gêne. On ne peut se laisser aller à ses émotions sans risquer de « perdre la face » (Goffman), ou de se placer dans une position de vulnérabilité. Voilà pourquoi les mondes de l'art et de l'image, espaces transitionnels, espaces marginaux, constituent des endroits particulièrement adaptés pour sonder notre vie affective.

La fiction se révèle un lieu utile pour vivre nos émotions : la médiation qu'offre le cadre fictionnel se révèle une force, et le contexte de visionnement des images – la solitude, voire le noir de la salle de cinéma – nous permet de nous y abandonner librement. Les artistes, les réalisateurs, les romanciers et les scénaristes y veillent d'ailleurs : de la construction des protagonistes à la manière dont ils sont mis en scène, tout est pensé pour faciliter l'identification et, de là, l'échange émotif qu'elle implique.

Nous pleurons parfois avec d'autant plus abandon un drame fictif qu'il semble évoquer des situations personnelles similaires que n'avions pas terminé d'éprouver : ces tristesses que nous n'avons pas eu le temps de vivre pleinement dans le tourbillon de nos existences ; ces expériences de paix, de beauté auxquelles nous n'avons pu nous attarder. La représentation, en cela, déplace notre investissement : elle le rend plus distant, mais plus pur ; plus médiatisé, mais plus brut. L'image n'est pas réalité, et de cette distance naît une force, une richesse[14]. Elle nous permet de réfléchir sur nos émotions.

*

> Pour ma part, une œuvre d'art me défoule : *La Ribaute* (2012) d'Anselm Kiefer, située sur le site de son atelier à Barjac en France. Tenant à la fois de l'installation, du land art et de la sculpture, cette œuvre d'art gigantesque et inquiétante échappe à toute catégorisation. Elle est faite d'un assemblage de constructions en ciment, un peu comme si le temps avait progressivement

transformé ces architectures en de fragiles châteaux de cartes. Singulièrement, inexplicablement, contempler cette œuvre me défoule et m'apaise : je passe souvent de longs moments à regarder les documentaires vidéo et les photos du lieu, comme si j'attendais que ces constructions s'écroulent.

Au détour d'autres images, celles-là d'un film d'horreur, le même affect émerge. Dans *28 jours plus tard* (2002) de Danny Boyle, le protagoniste circule dans les rues de Londres désertée. À la suite d'une épidémie, la ville est vide et silencieuse. Plus de voitures ou de bruits, plus d'animation, plus de frénésie. La chose est apaisante.

Je le réalise à ce moment, l'idée d'un arrêt du rythme du monde m'apparaît aussi horrible qu'exaltante. Certes, un tel projet ne m'est supportable qu'à travers le détour de la fiction, qu'en ce qu'il implique la destruction d'une humanité abstraite et anonyme, une sorte d'humanité un peu générale. Ma réaction est pourtant révélatrice de mon propre sentiment d'être dépassé par le rythme de ce monde. Aussi, ces représentations vertigineuses m'apparaissent-elles comme une échappatoire de cette modernité et de ses valeurs oppressantes[15].

*

Du concept de catharsis chez Aristote, nous ne savons que bien peu de chose. Quelques phrases, deux plus précisément, nous sont parvenues ; du reste – ce qui devait prendre place dans la seconde partie de la *Poétique*, désormais perdue –, nous ignorons tout.

La phrase qui joue le rôle le plus important dans l'interprétation du concept est souvent citée : « La tragédie, par la terreur et la pitié, accomplit la purification [*katharsis*] de telles passions. » La catharsis permettrait l'expression d'émotions désagréables, et par là, se ferait une expérience positive. La façon et les moyens d'une telle conversion sont toutefois, encore aujourd'hui, débattus. Une chose est pourtant certaine, ce pouvoir d'expression provient de la condition fictionnelle. Comme le précisait d'ailleurs Jean-Pierre Vernant à ce sujet :

> Parce que la tragédie met en scène une fiction, les événements douloureux, terrifiants qu'elle donne à voir sur la scène produisent un tout autre effet que s'ils étaient réels. Chez le public, désengagé par rapport à eux, ils « purifient » les sentiments de crainte et de pitié qu'ils produisent dans la vie courante. S'ils les purifient, c'est qu'au lieu de les faire simplement éprouver, ils leur apportent par l'organisation dramatique une intelligibilité que le vécu ne comporte pas. Arrachées à l'opacité du particulier et de l'accidentel par la logique d'un scénario qui épure en simplifiant, condensant, systématisant, les souffrances humaines, d'ordinaire déplorées ou subies, deviennent dans le miroir de la fiction tragique objets de compréhension[16].

Cette simplification, cette purification, ce détour, permettent justement de nous investir dans la fiction, de nous défouler et de délier quelque nœud interne : une fois nos souvenirs éveillés par les mécanismes de l'analogie, nos émotions sont projetées sur cette histoire fictive. Revécues, elles nous parcourent et nous secouent, puis nous laissent apaisés, comme vidés.

Vernant va toutefois plus loin. Pour lui, non seulement la catharsis permet des décharges émotives libératrices, mais elle offre un recul sur ces émotions : elle en fait des sentiments. « Objets de compréhension », ceux-ci nous permettent d'explorer notre vie intérieure, de prendre la mesure des affects qui nous animent[17]. L'image lève ainsi le voile sur certaines des tensions organisant le sujet.

Le désir d'images

Stimulée par l'image, notre vie émotive s'exprime et nous met en contact avec ce qui nous frustre, nous excite, ou nous fait rêver. À nous de mettre à profit cette expérience pour nous comprendre un peu mieux. Non pas nécessairement pour nous révéler à nous-mêmes nos engrenages les plus secrets, mais, de proche en proche, pour nous donner les coordonnées et les conditions de leur expression.

Ainsi, il faut sans doute nuancer certaines perspectives psychanalytiques insistant sur la nature mensongère de l'émotion. Entre une vérité tout entière révélée et le simple mensonge, loge vraisemblablement un « mi-dire » du sentiment. Quelque chose pointe en nous, symptôme de ce qui ne sait s'exprimer ailleurs et que nous pourrons tenter de suivre, d'indice en indice, de ressemblance en ressemblance.

Pensés ainsi, l'émotion et le sentiment seraient des espaces à investir, à penser, à réfléchir : des lieux d'exploration de soi, des moyens peut-être de se donner une cohérence nouvelle. Pensée ainsi, l'image pourrait se faire un moyen de se réinventer.

CHAPITRE 5

Image et nouveauté

L'image est capable de faire resurgir nos souvenirs et nos affects, de les stimuler, et par là de nous replonger dans des émotions anciennes. Mais elle n'est pas qu'un outil de remémoration : elle peut nous transformer, changer le sens de nos mots, de nos valeurs, et l'agencement de nos souvenirs.

Une image, une œuvre d'art, nous émeut certes lorsqu'elle touche nos affects, nos désirs. Elle ne nous bouleverse toutefois véritablement que lorsqu'elle semble dotée d'un pouvoir de *révélation*. Certaines images, rares et à chacun personnelles, sont capables d'ouvrir en nous de nouvelles perspectives sur le monde qui nous entoure, sur nos rapports interpersonnels, voire sur nous-mêmes. En cela, elles sont à la fois originales et archéologiques. Dans ses recherches sur le geste de création, Jacques Rancière propose une explication à cette paradoxale dialectique à travers son concept de « dissensus ». Il note :

> [Les artistes] se proposent de changer les repères de ce qui est visible et énonçable, de faire voir ce qui n'était pas vu, de faire voir autrement ce qui était trop aisément vu, de mettre en rapport ce qui ne l'était pas, dans le but de produire des ruptures dans le tissu sensible des perceptions et dans la dynamique des affects. C'est là le travail de la fiction. La fiction n'est pas la création d'un monde imaginaire opposé au monde réel. Elle est le travail qui opère des *dissensus*, qui change les modes de présentation sensible et les formes d'énonciation en changeant les cadres, les échelles ou les rythmes, en construisant des rapports nouveaux entre l'apparence et la réalité, le singulier et le commun, le visible et sa signification. Ce travail change les coordonnées du représentable ; il change notre perception des événements sensibles, notre manière de les rapporter à des sujets, la façon dont notre monde est peuplé d'événements et de figures[1].

Rancière insiste dans ses écrits sur le pouvoir politique du dissensus : celui de permettre d'imaginer un autre ordre du monde, d'autres régimes de pouvoir, d'autres façons de penser les relations entre les sujets. Or, si Rancière fait de ce pouvoir un objectif et une démarche délibérée des artistes, il se pourrait aussi que ce dissensus, cette nouveauté, émerge parfois simplement – et presque magiquement – de la rencontre entre une image et un sujet. L'image en effet, par son extériorité et sa singularité même, s'offre comme un levier capable d'ouvrir notre compréhension du monde, comme un stimulant pour la pensée. Illustrons d'abord cette étrange puissance par un exemple provenant de l'écriture de *L'Origine des espèces.*

Darwin et le corail

En 1858, soit un an avant la publication de *L'Origine des Espèces*, Charles Darwin reçoit le manuscrit d'Alfred Wallace, un jeune explorateur, anthropologue et biologiste. Darwin est consterné. Nombre des hypothèses et des théories qu'il esquisse dans ses notes depuis plus de vingt ans sur la sélection naturelle sont déjà formulées dans le manuscrit de son jeune collègue. Darwin écrit à Charles Lyell : « So all my originality, whatever it may amount to, will be smashed[2] ». Affligé, mais bon joueur, il emploiera sa réputation dans les cercles scientifiques britanniques afin que l'essai de Wallace soit édité – avec quelques-unes de ses propres lettres sur le sujet, question d'asseoir son statut de codécouvreur de la théorie. L'événement crée toutefois un sentiment d'urgence chez Darwin. Il publie dans les mois qui suivent sa propre version de l'origine des espèces. La consultation des notes et de ses brouillons nous indique qu'une telle urgence a eu un impact considérable sur le sort de son texte : Darwin simplifie certaines parties de l'argumentation, de même que de larges pans de l'appareil de présentation – la plupart des notes de bas de page disparaissent.

La chose est dommage, car ces simplifications effacent un exemple singulier et fascinant du pouvoir des images à stimuler la pensée. Dans les notes de Darwin, dès 1837, on retrouve, pour figurer l'évolution des espèces, des dessins ramifiés. La chose, en soi, n'est pas étonnante : depuis le Moyen Âge, on représente couramment les filiations familiales par le biais d'un arbre. Lamarck recourt même à ce trope pour penser l'évolution des animaux dans chacune des espèces. Dans ses notes inédites, Darwin rompt cependant avec cette forme pour expliquer l'évolution. Il lui en préfère une nouvelle, proche, mais irrémédiablement distincte : le corail. Cette forme le fascine depuis ses expéditions sur le *Beagle*, elle est l'un des grands motifs qu'il ne cessera de représenter dans ses carnets (fig. 14). Forme issue de la nature, le corail en vient à se faire un *motif* pour sa pensée, participant à l'organisation de ses réflexions, de ses hypothèses.

Bien que le corail soit très près, formellement, d'un arbre, il s'en distingue cependant sur un point central. Lorsqu'une branche d'arbre meurt, elle se dessèche puis, à terme, tombe. Le corail est fort différent : sa partie vivante croît et se développe à partir de ses branches fossilisées. Métaphore de l'évolution, le corail illustre que les espèces actuelles sont le prolongement d'espèces disparues : au fond, l'évolution est l'histoire d'un immense corail fossilisé, dont les espèces actuelles sont les branches vivantes. Darwin indique même à côté de l'une de ses esquisses : « The tree of life should perhaps be called the coral of life[3] ».

Pourtant, arrachant le lecteur à ses habitudes représentatives, trop singulière, l'image du corail sera supprimée du manuscrit pour être remplacée par celle, plus classique, de l'arbre.

L'effacement de cette image crée de nombreux paradoxes, à commencer par le fait que cette figure n'a pas été développée comme un moyen de vulgarisation de la théorie darwinienne, ni pour le spectateur, ni pour l'auteur lui-même. En effet, à lire le magnifique ouvrage de Horst Bredekamp sur *Les coraux de Darwin*, à tourner les pages des journaux de Darwin, peuplées de croquis délicats, détaillés, mille fois repris, le corail n'apparaît pas comme l'illustration d'une théorie aboutie, mais comme un levier pour la pensée. Comme Bredekamp le note en conclusion :

> L'idée ne pouvait être saisie sans l'image, et le commentaire d'images permettait une précision analytique que n'offrait pas la matière première, la nature dans son infinie variabilité. L'image devint la vraie nature de l'évolution. *Ce n'est pas comme description de la nature que Darwin a livré la substance de sa théorie de l'évolution, mais comme commentaire d'un diagramme*[4].

Et d'un diagramme absent de la version finale. L'ironie est d'autant plus belle.

Bredekamp conclut que le dessin permet « d'accélérer le raisonnement » : « Puisqu'en règle générale, la main traduit mieux que le langage l'évidence immédiate de la pensée en mouvement, le détail apparemment le plus petit devient souvent le plus révélateur[5] ».

Le geste de la main anticiperait celui de la pensée ; l'image dessinée préfigurerait la théorisation à venir. Idée fascinante, certes, mais qui soulève au moins deux interrogations. D'abord, la pratique du croquis aura bel et bien permis à Darwin de mieux comprendre l'évolution des espèces. Pourtant, la forme du corail, contrairement à ce que semble sous-entendre Bredekamp, Darwin ne l'a pas inventée. C'est en prenant pour modèle une forme donnée, singulière et, dans une certaine mesure, contingente, que Darwin a su théoriser la longue histoire biologique de notre planète. L'image du corail a su proposer un modèle d'organisation à ces phénomènes évolutifs complexes, denses ; elle s'est faite créatrice de pensées.

Le corail est une métaphore pour la pensée de Darwin, justement au sens que lui attribuent les sciences cognitives. Comme le résume Joseph Grady : « Afin qu'une métaphore apparaisse [...], il doit y avoir correspondance entre des éléments provenant de deux conceptualisations distinctes[6] ». En présumant d'un lien entre deux objets, la métaphore force la recherche d'une similarité, d'une correspondance. Elle met ainsi la pensée en mouvement. Et ce qu'elle trouve, elle l'aura moins inventé qu'elle l'aura mis en évidence.

On le constate aisément, la métaphore n'éclaire pas d'une lumière égale l'objet qu'elle illustre. Elle souligne certaines de ses caractéristiques, et laisse d'autres facettes dans l'ombre. En cela, et presque malgré elle, elle analyse l'objet qu'elle décrit[7]. La métaphore ne se veut pas une vérité, mais un coup de sonde, une proposition : à nous ensuite de prendre cette intuition et d'en vérifier la force d'explication. Il n'est peut-être pas d'autre manière de créer de nouvelles pensées.

Dans cette force créative des images, s'esquisse la seconde interrogation que soulève le recours au corail par Darwin. Nombre de chercheurs en biologie avant lui ont esquissé des coraux dans leurs carnets, sans pour autant mettre au point une théorie des espèces. Pour percevoir dans cette forme le développement des espèces, pour animer cette forme d'une telle charge théorique, pour en faire la réponse aux questions de Darwin, il faut une singulière faculté à saisir les ressemblances, les analogies : il faut une bonne dose d'imagination.

Charles Baudelaire, dans sa préface à sa traduction des œuvres d'Edgar Allan Poe, définissait d'ailleurs l'imagination comme cette faculté, essentielle au savant, à saisir les correspondances entre les choses, les situations, les événements :

> L'imagination n'est pas la fantaisie ; elle n'est pas non plus la sensibilité, bien qu'il soit difficile de concevoir un homme imaginatif qui ne serait pas sensible. L'imagination est une faculté quasi divine qui perçoit tout d'abord, en dehors des méthodes philosophiques, les rapports intimes et secrets des choses, les correspondances et les analogies. Les honneurs et les fonctions qu'il confère à cette faculté lui donnent une valeur telle (du moins quand on a bien compris la pensée de

l'auteur), qu'un savant sans imagination n'apparaît plus que comme un faux savant, ou tout au moins comme un savant incomplet[8].

Le corail ne contient pas, à même sa forme, la clef de l'évolution. Celle-ci tient au contact, mieux, au mariage de cette forme à l'imagination de Darwin.

Or, à lire Baudelaire et Darwin, il serait tentant de se sentir un peu déprimé, de penser que nous ne possédons pas cette « faculté quasi divine » rapprochant l'imagination du génie. Il existe pourtant des manières de la stimuler. Et pour cela, il n'est pas inutile de vivre des expériences.

Expérience et image

Lorsque nous revenons d'un voyage qui nous aura bouleversés, il nous semble que chaque mot s'est ressourcé au creux de cette aventure. Le mot « fête » prend désormais les couleurs de celles auxquelles nous avons participé ; celui d'« amitié », des rencontres que nous y avons faites ; nos valeurs, elles aussi, ont légèrement changé. L'ami qui écoute reconnaît d'ailleurs l'expérience vécue à ce frémissement du langage, à ces moments où nous semblons hésiter, où nous devons désormais réévaluer le sens de nos mots, les réorganiser pour épouser les contours de ce que nous avons vécu.

La fréquentation des images est aussi faite de ces moments de bouleversement : que cette nouvelle expérience vécue tienne d'une rencontre avec un tableau dont les couleurs transforment notre sensibilité, d'un film proposant d'une nouvelle manière d'envisager nos relations interpersonnelles ; d'une performance suggérant un nouveau modèle de vie auquel s'identifier. Parfois informulées par le sujet, ces expériences esthétiques le changent pourtant radicalement. Elles montrent bien que nous ne sommes pas des êtres stables, massifs, transparents à nous-mêmes. Nous sommes en perpétuelle transformation, et ce travail de construction, d'inflexion, nous échappe largement.

C'est sans doute à Giorgio Agamben que nous devons la formulation la plus précise de ces pouvoirs. L'homme n'est jamais fixe, arrêté, stable, jamais sa psyché ne cesse de se réinventer, de se mouvoir, de se transformer. Il n'est pas la simple créature d'un milieu spécifique, mettant en marche les rouages de sa biologie.

Tout un pan de la pensée d'Agamben est ainsi traversé par l'idée – mise en œuvre dans son écriture même – qu'une part insaisissable de l'homme est capable de faire du nouveau, de changer le sens de ses mots, de ses repères, de son univers symbolique. Il en multiplie les noms : l'énergie, la matière, le caractère, l'enfance, la puissance, la vie, l'immanence[9], etc. Il note : « L'homme en effet, est et doit être quelque chose, mais ce quelque chose n'est pas une essence, ni même proprement une chose : *il est le simple fait de sa propre existence comme possibilité ou puissance*[10] ».

Pour Agamben, l'enfant est le meilleur exemple de cette potentialité, il en est le « paradigme » même[11]. Dans sa fragilité constitutive, l'enfant est pure puissance. À n'avoir aucun destin, il peut tous les embrasser : voilà la perle qui dort en son cœur. Il n'est pas la simple créature d'un milieu spécifique, devant simplement mettre en marche les rouages de sa biologie. Bien au contraire : « dans son infantile toute-puissance, [l'enfant] serait saisi de stupeur et jeté hors de soi, non pas, comme les autres êtres vivants, pour une aventure et un milieu spécifique, mais pour la première fois dans un monde : il serait vraiment à l'écoute de l'être[12] ».

*

Regardons quelques photographies de Philip-Lorca diCorcia. Au détour d'une rue, une lumière crue tombe sur quelques passants pressés. Leur étonnement est vague, comme las ; peu détournent la tête pour en chercher la source, peu ralentissent le pas. Ils s'en doutent bien, on vient de prendre une photo – d'eux, peut-être –, mais ils sont pressés, et la ville est une perpétuelle stimulation, impossible de réagir à tout. Portant les yeux sur l'image produite, le spectateur assistera pourtant à une curieuse épiphanie : cette lumière crue arrache les sujets à l'anonymat de la rue et donne à voir leur singularité. Curiosité du regard, l'œil s'arrête, puis cherche la raison de leur soudaine élection. Ce n'est que lentement, comme progressivement, qu'affleure leur solitude. S'ils sont portés par la ville qui les entoure, s'ils sont animés par son énergie et son mouvement, ils paraissent aussi profondément seuls, comme rentrés en eux-mêmes.

La technique de l'artiste est bien documentée : il recourt à des flashes dissimulés, déclenchés à distance lors de la prise. Ils arracheraient sans doute les sujets photographiés à leur contexte s'ils n'en étaient pas déjà loin : la lumière les frappe comme en retard. Elle redouble simplement ce qui avait attiré l'œil du photographe : leur absence. Ils semblent complètement indifférents à l'urbanité qui les entoure, comme repliés au creux de leur conscience ; tout se passe comme si la ville – le monde, peut-être – avait disparu. À bien y regarder, ils ont l'air sonnés.

DiCorcia photographie des prostitués mâles de Hollywood, des mendiants, des danseuses nues, des ébahis de toutes sortes. Il montre des sujets « traumatisés », ceux qui ont reçu de plein fouet les chocs de la modernité, de la ville, de notre étrange époque. Il serait aisé – et rassurant – d'en faire de simples exceptions, fruits de l'attention maladive d'un photographe de l'exceptionnel. L'artiste note pourtant : « Ils viennent des marges de la société… Ces gens qui échappent à notre attention sont néanmoins les parangons de la société[13]. »

Brent Booth, 21 years old, Des Moines, Iowa, $ 30 (1991) montre un prostitué assis à la table d'un fast-food du Santa Monica Boulevard, à Los Angeles (fig. 15). La photographie est tirée de la série des rêves brisés :

Hustlers or Hollywood. Elle portraiture de jeunes prostitués californiens et raconte l'histoire de ces provinciaux américains venus tenter leur chance à Hollywood. Le titre descriptif des œuvres, presque anodin, narre leur histoire : Brent Booth est natif de Des Moines en Iowa, il a 21 ans et il a été payé 30 $, le prix qu'il exige pour une passe, pour poser sur la photo.

On a beaucoup discuté du pessimisme des photographies de diCorcia, et pourtant, tel n'est pas leur seul message. La force poétique de son travail tient à ce qu'il semble prendre acte de la modernité avancée – ses villes froides, cette consommation des corps, cette consumation de l'être. Et tout à la fois, il semble noter qu'une part de l'homme ne s'y réduit pas. Comme si l'étrange lumière qui organise ses images pointait vers l'ouverture de leurs gestes solitaires. Comme si cette lumière soulignait l'ombre de ces visages, leur « intime ténèbre[14] ». Sur *Head #23* de 2000, une jeune femme marche au milieu de la foule (fig. 16). La lumière la sublime et, plongeant la moitié de son visage dans l'ombre, donne à son regard et à son sourire une texture poétique.

Sur les visages des personnages de diCorcia apparaît quelque chose d'irréductible à leur condition, à l'étiquette que l'on finit par plaquer sur eux. Agamben nomme cet irréductible « le caractère » et le définit de façon magnifique :

> Dans toute vie il y a quelque chose de non vécu, comme dans toute parole quelque chose d'inexprimé.

> Le *caractère* est l'obscure puissance qui se pose en gardienne de cette vie intacte : elle veille avec soin sur ce qui n'a jamais été, et sans que tu le veuilles, elle en inscrit la trace sur ton visage[15].

L'aspect pensif des personnages marque aussi leur intériorité, ces moments où ils échappent un peu aux déterminations qui les contraignent.

Le travail de diCorcia nous montre certes des habitants des villes heurtés par le choc moderne – l'urgence, l'anonymat, la consommation. Mais la lumière, et l'étrange épiphanie qu'elle sait créer, insiste sur un détail fondamental et nous le donne à voir : la puissance de ces sujets même. Du coup, nous voilà comme ralentis par leur beauté, nous les contemplons. Leur singularité semble soudain nous rappeler à la nôtre. Petit moment de silence[16]. Hésitation. Expérience.

*

Les images, en nous procurant ces éclats d'expérience, montrent bien qu'elles ne sont pas qu'un abîme – de distractions, de fantasmes, de désirs. Elles sont aussi une ouverture, un levier. En cela, il faut peut-être apprendre à développer une certaine disponibilité aux images, les autoriser à nous toucher, nous bouleverser, nous émouvoir. Et les laisser nous transformer.

POST-SCRIPTUM

ÉLOGE DE L'ÉMOTION

> Le fait dont tout discours sur l'éthique doit partir, c'est qu'il n'existe aucune essence, aucune vocation historique ou spirituelle, aucun destin biologique que l'homme devrait conquérir ou réaliser. C'est la seule raison pour laquelle quelque chose comme une éthique peut exister : car il est clair que si l'homme était ou devait être telle ou telle substance, tel ou tel destin, il n'y aurait aucune expérience éthique possible – il n'y aurait que des devoirs à accomplir.
>
> GIORGIO AGAMBEN,
> *La Communauté qui vient. Théorie de la singularité quelconque*[1].

L'image ressemble, et cette ressemblance se fait une clef capable d'ouvrir notre mémoire, nos émotions, nos désirs – autrement dit : notre vie intérieure. L'image nous anime et nous fait rêver, nous défoule et nous excite, elle nous plonge dans de nouveaux mondes possibles. Par là, elle nous permet de supporter notre condition humaine. Elle nous donne l'occasion d'apprendre sur le monde qui nous entoure, sur la vie intérieure de nos congénères, sur nous-mêmes.

Les sciences humaines, à avoir longtemps soupçonné les images de tous les maux, à en avoir fait le bras armé de la société de consommation, à en avoir défendu une réception purement intellectuelle, se sont fermées à la manière même dont nous les percevons et, de proche en proche, à ce qu'elles nous apportent. Certes, il est des images qui visent à nous contraindre à une identité prédéterminée ou à nous faire consommer. Mais pas toutes, et peut-être pas toujours les mêmes pour chacun. Nous fréquentons les images comme nous fréquentons le monde qui nous entoure : en projetant sur lui nos souvenirs, nos manques, nos affects, en y découvrant des pans de nous-mêmes. Si le dénier ne nous protège pas des images prescriptives et de leurs effets, la chose risque de nous empêcher de comprendre la manière même dont elles nous affectent, ce qu'elles nous apportent. Le dénier risque de nous empêcher de les savourer.

Comprendre l'effet des images peut nous rendre sensibles à certains mécanismes opérant au creux de notre conscience. Y porter attention, c'est leur laisser l'espace et le temps pour s'exprimer. Il nous faut apprendre à nous attarder aux souvenirs et aux émotions que les images font naître en nous : non seulement une telle attention rend ces émotions plus vivides, mais elle nous permet aussi de réfléchir à la raison pour laquelle elles nous touchent. Enfin et peut-être surtout, laisser les images résonner en nous leur permet de nous faire vivre des expériences – et de nous changer, ne serait-ce qu'un peu.

Cette peur des émotions

Les émotions sont désormais un sujet récurrent en sciences humaines et en philosophie, apparaissant, pour le meilleur et pour le pire – surtout pour le pire –, comme l'un des paradigmes structurants de notre époque. Ce paradigme émotif serait la conséquence logique et le point d'aboutissement du narcissisme ayant marqué l'époque postmoderne. L'effondrement des métarécits, la fragilité des valeurs transcendantes, la nécessité pourtant d'entretenir un rapport à l'autre et au monde auraient ouvert à une époque émotive, centrée sur l'affect.

Ces émotions apparaîtraient comme des modalités permettant de recréer du lien, de la relation à l'autre, de communiquer via un contact empathique. Ce lien s'ancrerait sur des valeurs immanentes : ce ne serait plus à l'aune de projets, d'enjeux sociaux ou politiques que l'on se réunirait, mais par le biais d'affects partagés : les émotions seraient un moyen direct de communiquer. La fameuse éthique du *care*, sa popularité aujourd'hui, en est l'exemple le plus évident, car elle implique un mode de décision, de rapport au monde et à l'autre d'abord affectif et fondé sur la volonté de « prendre soin d'autrui[2] ». Pour nombre de penseurs, cette condition de contact serait un pis-aller, rendant visible l'effondrement du politique, voire même du communautaire, et où l'immédiateté du rapport serait sa propre finalité.

Ce paradigme de l'affect, d'abord interpersonnel, puis social, aurait trouvé son chemin dans l'esthétique : les artistes – en arts visuels, au cinéma, etc. – proposeraient des œuvres visant à émouvoir le spectateur. Ses avantages tiendraient à la possibilité de court-circuiter toute érudition pour proposer une expérience de l'œuvre la plus directe possible. Il comporterait toutefois un inconvénient de taille : celui d'ouvrir à un abandon de tout message, de toute ambition de ces créations. Celles-ci ne feraient rien d'autre qu'émouvoir. L'émotion, pensée comme sa propre finalité, impliquerait donc une sorte de vacuité du message et de ce qui reste entre les mains du spectateur une fois l'œuvre éprouvée. Pour plusieurs, l'émotion serait ainsi une réaction inutile. Cette critique, d'abord développée à la fin des années 2000, est en quelque sorte devenue une des *doxas* de la réflexion sur l'art et sur l'image. Elle trouve une expression particulièrement convaincante sous la plume de Catherine Grenier, dont l'ouvrage *La Revanche des émotions* constitue la présentation la plus claire de ce paradigme affectif et de sa critique. Elle écrit par exemple :

> La création [récente] rompt les digues de la distance critique, la « bonne distance », pour laisser déferler la vague de l'affect et de l'empathie. La relation de l'art à la société n'est plus politique, mais empathique. À une société qui perd ses repères, souffre, fulmine, compatit, s'oublie dans le divertissement et la nostalgie, l'art propose le spectacle de son incarnation dans l'œuvre[3].

La force de la position de Grenier tient pourtant à ce qu'elle ne rejette pas en bloc cette notion d'émotion et les pratiques qui l'impliquent ; elle ne participe pas du déni dont elle fait le constat. Elle opère toutefois une distinction au cœur même de ce paradigme ; elle sépare un bon et un mauvais usage de l'émotion, le premier se voyant dénommé « empathie ». Elle note : « L'empathie, à la différence de la sympathie, est un mode de connaissance d'autrui qui ne met pas en jeu un rapport affectif ou moral ; sa finalité est la compréhension et non pas l'altruisme[4] ». Émotion intellectuelle, compréhension des émotions de l'autre sans pour autant les ressentir, l'empathie serait un mode de communication logeant au fondement du geste artistique. Elle romprait avec une communication affective qui serait sa propre finalité.

Plus récemment, Évelyne Grossman développait, dans un ouvrage philosophique, une conception assez proche de celle de Grenier : partant d'un même diagnostic de la période contemporaine, elle proposait le concept d'« hypersensible » pour souligner la manière dont certains artistes, écrivains et penseurs : « [oscillent] entre une sensibilité tantôt hypertrophiée et triomphante, tantôt au contraire rétractée en une position quasi kératinisée[5] ». Pour elle aussi, le bon usage de l'émotion implique une désubjectivation, une dépersonnalisation de celle-ci. L'auteure notait encore, à la suite de Deleuze : « Rien n'est moins personnel qu'un affect[6]. » Les modèles de Grossman et de Grenier ont fait de l'affect une source de connaissances… à condition de l'arracher de toute subjectivité, de toute affectivité personnelle : l'émotion intime semblant pour sa part le plus sûr moyen de régresser vers une expérience esthétique naïve et quelque peu infantile.

C'est ce rejet constant de l'émotion et de l'affect qui nous apparaît problématique : la sympathie n'est pas nécessairement un mal et une séduction régressive à opposer à une empathie positive et permettant la compréhension. Cette opposition recrée plutôt les distinctions normatives entre goût des élites (fondé sur la distanciation et la distinction) et le goût populaire (se laissant séduire par l'émotion) telles que Bourdieu les évoquait déjà, et telles que nous les présentions en introduction. L'émotion n'est un mal que si l'on attribue aux images, encore une fois, un mandat… lui-même normatif.

*

Le film *Sideways* (2004), réalisé par Alexander Payne, raconte le voyage de deux vieux amis dans la quarantaine (Miles et Jack) sur la route des vins de Californie. Le voyage trouve son prétexte dans le mariage prochain de Jack et dans la volonté de Miles de l'introduire au monde des vins. Pendant une semaine, les deux amis iront d'un vignoble à l'autre, d'un restaurant à l'autre, Miles renouant avec les vignerons et les habitants du coin qu'il connaît bien.

Ce voyage les réunit à des moments bien différents de leurs vies. Mélancolique et cynique, Miles se relève difficilement d'un divorce et il peine à trouver un éditeur pour son roman. Jakes, pour sa part, entend faire de cette route des vins un prétexte pour profiter de ses dernières journées de liberté sexuelle.

La légèreté et l'humour du film, le jeu émouvant de Paul Giamatti, l'indéfectible amitié entre ces deux copains que tout oppose, en ont fait un classique pour moi et mes vieux amis. Cette histoire nous rejoint, et se fait un lieu d'expression de notre complicité. Drôle et triste à la fois, elle nous ressemble. Bien de nos petits bonheurs autour d'une bouteille de vin tiennent à nous répéter certains passages marquants du film, à les rejouer, à prolonger les scènes, à nous les approprier. Et puisque Miles déteste le merlot, impossible de pour nous de boire un bordeaux sans que l'un d'entre nous ne rappelle la scène mythique où celui-ci affirme : « Si quelqu'un commande du merlot, je m'en vais. Je ne boirai pas de putain de merlot ! ». Si chacun a ses scènes fétiches, ses petits moments doux-amers qui résonnent en lui, nous tentons de les partager, de les faire remarquer aux autres.

Aussi avons-nous décidé, il y a quelques mois, de prendre l'avion jusqu'en Californie, de louer une voiture et de refaire la route des vins de Miles et de Jakes, sans aucune autre raison que de passer du temps ensemble, de nous replonger une nouvelle fois dans cette histoire familière. Nous sommes retournés dans les restaurants et les vignobles que les deux protagonistes ont fréquentés, nous avons dormi dans l'hôtel où le film est tourné. Le monde que nous visitions se révélait sublimé par le film, par nos souvenirs de celui-ci, et par l'histoire de nos moments passés ensemble. *Sideways* faisait lever nos souvenirs, ravivait notre amitié, densifiait l'espace qui nous entourait.

J'ai réécouté le film depuis. Comme un bon vin, il a gagné en complexité : notre voyage lui a ajouté de nouvelles couleurs, de nouvelles textures. Le film est maintenant un inextricable mélange de souvenirs de voyage et de fiction : il est à la fois drôle, triste et étrangement vrai.

Pour mes amis et moi, l'émotion que soulève *Sideways* se suffit à elle-même. Elle n'explique rien, elle n'analyse rien : elle donne une valeur à la vie, et donne chair au monde. Difficile d'imaginer plus important.

NOTES

Prologue

1. Paris, Points, 2016. Voir aussi, autour de cette citation, Domenico Chianese et Andreina Fontana, *Imaginons : le visible et l'inconscient*, Paris, Ithaque, 2015, p. 69-72.

2. Maxime Coulombe, « La ressemblance, le doute, la ruine », *ESSE*, n° 85, automne 2015, p. 30-35.

3. Louis Marin, *Détruire la peinture*, Paris, Flammarion, « Champs », 1997, p. 27.

4. Voir *ibid.*, p. 26-27, 130, *sq*. Voir aussi Georges Didi-Huberman, *Devant l'image. Questions posées aux fins d'une histoire de l'art*, Paris, Minuit, 1990.

5. David Freedberg, *Le Pouvoir des images*, Paris, Gérard Montfort, 1998, p. 21.

6. Nous ne manquerons pas d'évoquer le statut ambigu des œuvres d'art abstraites.

7. W. J. T. Mitchell, *Iconologie : textes, images, idéologie*, Paris, Les Prairies ordinaires, 2009. Voir aussi Philippe Junod, « Plus vrai que nature ? Les avatars de la mimèsis »,

Mimèsis, approches actuelles, Bruxelles, La Lettre volée, 2007, p. 31.

8. Nelson Goodman, *Langage de l'art*, Paris, Gallimard, 1990, p. 63. Voir aussi W. J. T. Mitchell, *Iconologie, op. cit.*, p. 235-237.

9. Danièle Cohn, « Imitation : esthétique (1. Arts) », *Encyclopædia Universalis*, Paris, 2008. Voir aussi David Freedberg, « Imitation and its Discontents », in *Künstlerischer Austausch. Artistic Exchange*, Berlin, Akademie Verlag, 1993, p. 483-491.

10. Pierre Bourdieu, *La Distinction. Critique sociale du jugement*, Paris, Minuit, 1979, p. 36.

11. Jean-Marie Schaeffer, *Pourquoi la fiction ?*, Paris, Seuil, 1999, p. 25-26.

12. Sur ce silence voir déjà Jean-Marie Schaeffer, *La Fin de l'exception humaine*, Paris, Éditions du Seuil, 2007, p. 15.

13. Les neurosciences le rappellent, anticiper un phénomène en exacerbe l'effet. Voir Pascal Fries, « A mechanism for cognitive dynamics : neuronal communication through neuronal coherence », *TRENDS in Cognitive Sciences*, vol. 9, n° 10, octobre 2005, p. 474-481.

14. Roland Barthes, « Le plaisir du texte », *Œuvres complètes IV*, Paris, Seuil, 2002, p. 225.

15. Voir déjà son texte célèbre « La mort de l'auteur », dans *Le Bruissement de la langue*, Paris, Seuil, 1993.

16. Voir entre autres Pierre Bayard, *Qui a tué Roger Ackroyd ?*, Paris, Minuit, 1998 ; ou encore *L'Affaire du chien des Baskerville*, Paris, Minuit, 2008.

17. On peut néanmoins penser en langue française, au travail de Daniel Arasse, bien que ses lectures, parfois personnelles, seront demeurées de plain-pied dans le champ

de l'érudition : *On n'y voit rien*, Paris, Gallimard, 2000. On lira de même T. J. Clark, *The Sight of Death : a Experiment in Art Writing*, Yale, Yale University Press, 2008, où le célèbre auteur raconte sa fréquentation quotidienne de quelques œuvres de Poussin exposées au Getty Museum.

18. Je renvoie le lecteur à nombre de publications, depuis les années 1980, où la condition photographique, tant d'un point de vue phénoménologique que sémiotique, a été remarquablement réfléchie : Roland Barthes, *La Chambre claire*, Paris, Seuil, 1980 ; Susan Sontag, *Sur la photographie*, Paris, Christian Bourgeois, 2008, et *Devant la douleur des autres*, Paris, Christian Bourgeois, 2003 ; Victor Burgin, « Looking at Photographs », in *Thinking Photography*, New York, Palgrave, 1982, p. 142-153.

Chapitre 1. Qu'est-ce qu'une image ?

1. Nelson Goodman, *Langages de l'art*, Paris, Pluriel, 2011, p. 35, 37.

2. Pline l'Ancien, *Histoires naturelles*, Livre XXXV, traduit et annoté par Émile Littré, Paris, Dubochet, 1848-1850, t. 2, p. 472-473.

3. Danièle Cohn, « Imitation : esthétique (1. Arts) », *art. cit.*

4. W. J. T. Mitchell, *Iconologie*, *op. cit.*, p. 151-152.

5. *Ibid.*, p. 56.

6. Pour l'ensemble du débat, voir notre article : Maxime Coulombe, « La menace des oiseaux : l'iconicité et la ressemblance des images à l'ère du relativisme », *RACAR*, n° 41, 2016, p. 17-29.

7. David L. Clark et George W. Uetz « Video image recognition by the jumping spider, Maevia inclemens

(Aranea : Salticidae) », *Animal Behaviour*, 1990, vol. 40, p. 884-890.

8. Pour un survol de nombre de ces recherches, voir Paula Goolkasian, « Research in Visual Pattern Recognition : The Enduring Legacy of Studies From the 1960s », *The American Journal of Psychology*, vol. 125, n° 2, été 2012, p. 155-163.

9. Ferdinand de Saussure notait ainsi : « la nature du signe dont on est convenu est indifférente », in *Essais de sémiologie générale*, Paris, Payot, 1995, p. 26.

10. Il existerait même, pour Pierce, des ressemblances non visuelles, comme une formule mathématique conservant entre ses éléments les mêmes rapports formels que ceux des objets qu'elle décrit. Charles Sander Peirce, *Écrits sur le signe*, Paris, Seuil, 1978, p. 148.

11. *Ibid.*, p. 149.

12. Charles Sander Peirce, *Essential Peirce. Selected Philosophical Writings vol. 2 (1893-1913)*, Bloomington, Indiana University Press, p. 274.

13. Il en est de même pour les animaux, dont les mécanismes perceptifs possèdent aussi leurs singularités. Voir Stanley Coren, *Secrets de chiens*, Paris, Payot, 2015.

14. Arthur P. Shimamura, *Experiencing Art : in the Brain of the Beholder*, Oxford, Oxford University Press, 2013, p. 53-72.

15. Comme l'écrivait Shimamura : « La propension du cerveau à en exagérer et à en souligner les éléments critiques (*critical*), met à mal l'idée que nous percevions une copie exacte du monde réel », *ibid.*, p. 47. Notre traduction.

16. Maurice Merleau-Ponty, *Sens et non sens*, Paris, Gallimard, 1966, p. 18. Ses formulations dans *L'Œil et l'esprit* auront été plus précises : « Qualité, lumière, couleur,

profondeur, qui sont là-bas devant nous, n'y sont que parce qu'elles éveillent un écho dans notre corps, parce qu'il leur fait accueil. Cet équivalent interne, cette formule charnelle, de leur présence que les choses suscitent en moi, pourquoi à leur tour ne susciteraient-ils pas un tracé, visible encore, où tout autre regard retrouvera les motifs qui soutiennent son inspection du monde ? » Merleau-Ponty, *L'Œil et l'esprit*, Paris, Gallimard, 1964, p. 22.

17. Sur tous ces processus, voir la belle synthèse de Robert Snowden, Peter Thompson et Tom Troscianko, *Basic Vision : An Introduction to Visual Perception*, Oxford, Oxford University Press, 2012.

18. Shimamura, *Experiencing Art*, *op. cit.*, p. 81.

19. *Ibid.*, p. 19.

20. De nombreux débats animeront d'ailleurs la question de la ligne qui entoure les objets en peinture : correspond-elle ou non à un élément présent dans la perception ? Si la réponse évidente tendrait à souligner que ces lignes n'existent pas dans le monde visible, elles décrivent pourtant la frontière entre objet et un autre, une forme et un fond. Comme le soutenait Umberto Eco : « Les contours sont un "substitut perceptif" et ont valeur d'"indicateur de discontinuité", manifeste dans les mouvements parallaxes. » Umberto Eco, *Kant et l'ornithorynque*, Paris, Livre de Poche, 1999, p. 485.

21. Voir déjà ses premiers textes sur le signe : Umberto Eco, *Le Signe*, Paris, Livre de Poche, 1992.

22. Umberto Eco, *Kant et l'ornithorynque*, *op. cit.*, p. 494.

23. *Ibid.*, p. 493.

24. Sur la question de la couleur et la ressemblance entre la couleur en peinture et la couleur perçue, voir John Hyman, *The Objective Eye*, Chicago, Chicago University Press, 2006.

25. Umberto Eco, *Kant et l'ornithorynque*, *op. cit.*, p. 525.

26. Jean-Marie Schaeffer, *Pourquoi la fiction ?*, *op. cit.*, p. 84.

27. Georges Didi-Huberman, *Mémorandum de la peste*, Paris, Christian Bourgeois, 1983.

28. Ernst Gombrich, *Méditations sur un cheval de bois et autres essais sur la théorie de l'art*, Paris, Phaidon, 1986, p. 7.

29. Voir aussi Thomas Pavel, *L'Univers de la fiction*, Paris, Seuil, 2017.

30. Coleridge, *Biographia Literaria*, 1817, chapitre XIV.

31. Umberto Eco, *Six Promenades dans les bois du roman et d'ailleurs*, Paris, Livre de poche, 1996.

32. Sur la question des images mentales, voir le chapitre 2.

Chapitre 2. L'image et la mémoire

1. Louis Marin, *op. cit.*, p. 8.

2. Douglas Hofstadter et Emmanuel Sander, *L'Analogie : cœur de la pensée*, Paris, Odile Jacob, 2013, p. 30.

3. Jean-Marie Schaeffer, *Pourquoi la fiction ?*, *op. cit.*, p. 117.

4. Voir entre autres, Gilles Fauconnier et Mark Turner, *The Way we Think : Conceptual Blending and the Mind's Hidden Complexities*, New York, Basic Books, 2002.

5. Nous y reviendrons au troisième chapitre.

6. Voir entre autres Sandrine Gil et Sylvie Droit-Volet, « Time perception, Depression and Sadness », *Behavioural Processes*, vol. 80, n° 2, février 2009, p. 169-176.

7. Endel Tulving, « Organization of Memory : Quo Vadis ? », in *Organization of Memory*, New York, Academic Press, 1972, p. 841. Notre traduction.

8. Voir la présentation claire de Mark Solms et Oliver Turnbull dans *Le Cerveau et le monde interne*, Paris, Puf, 2015, p. 181-183. Voir aussi *infra*.

9. À l'instar de Lakoff et de Johnson, nous reprenons la distinction entre mémoire épisodique et mémoire sémantique, introduite par Endel Tulving en 1972, et qui est désormais la principale manière de distinguer les processus mémoriels. Voir Endel Tulving, « Episodic and semantic memory », in *Organization of Memory*, *op. cit.*

10. *Ibid.*, p. 386. Notre traduction.

11. Gustave Flaubert, *Madame Bovary*, Paris, Michel Lévy frères, 1857, p. 40.

12. Umberto Eco, *Kant et l'ornithorynque*, *op. cit.*, p. 193. Le concept de « mémoire sémantique », provenant des sciences cognitives, ne fait pas partie du vocabulaire d'Umberto Eco, bien que ce soit bel et bien de ce type de mémoire dont traite le sémioticien italien.

13. On pourrait d'ailleurs préciser que cette catégorie de « personnage » est elle-même le fait d'un assemblage complexe d'éléments simples : elle implique, pour identifier un humain, de reconnaître certaines caractéristiques, une certaine taille par rapport à l'environnement, la présence d'une tête (elle-même constituée d'yeux, d'une bouche, de cheveux, etc.), de bras et de jambes, d'une certaine proportion des membres par rapport au torse, de certaines postures, etc.

14. Voir entre autres G. Gabrielle Starr, *Feeling Beauty : The neuroscience of Aesthetic Experience*, Boston, Cambridge, MIT Press, 2013, p. 119-120 ; et l'article classique de Robert B. Zajonc, « Attitudinal Effects of Mere Exposures », *Journal of Personality and Social Psychology*, vol. 9, n° 2, 1968, p. 1-27. Voir aussi bien sûr le concept

d'horizon d'attente de Hans Robert Jauss dans *Pour une esthétique de la réception*, Paris, Gallimard, 1978.

15. Walter Benjamin, « Sur quelques thèmes baudelairiens », in *Œuvres III*, Paris, Gallimard, 2000, p. 329-390 ; voir aussi Giorgio Agamben, *Enfance et Histoire*, Paris, Rivages, 2001.

16. Hofstadter et Sander, *L'Analogie*, *op. cit.*, p. 218.

17. Nous ne souhaitons pas multiplier les références théoriques, mais notons qu'on peut déjà retrouver la trace de cette nuance dans la pensée d'Henri Bergson : *Matière et Mémoire*, Paris, Puf, 1968, p. 116-117.

18. T. W. Buchanan, « Retrieval of Emotional Memories », *Psychological Bulletin*, 133, n° 5, 2007, p. 761-779.

19. Endel Tulving, « Organization of Memory : Quo Vadis », *The Cognitive Neurosciences*, Cambridge, MIT Press, 1998, p. 839-847.

20. *Ibid.*, p. 845.

21. Nous reviendrons dans le chapitre 3 sur les relations entre neurosciences et psychanalyse.

22. Antonio Damasio et Kaspar Meyer, « Behind the looking-glass », *Nature*, vol. 454, 10 juillet 2008, 167-168. Le titre de l'article, évoquant les neurones miroirs se veut une nouvelle façon de penser ce mécanisme.

23. *Ibid.*, p. 168.

24. Antonio Damasio, *L'Autre moi-même. Les nouvelles cartes du cerveau, de la conscience et des émotions*, Paris, Odile Jacob, 2010, p. 163.

25. Stephen M. Kossyln, William L. Thompson, Giorgio Ganis, *The Case for Mental Imagery*, Oxford, Oxford University Press, 2006.

26. Voir entre autres, R. B. H. Tootell, M. S. Silverman, E. Switkes, et R. L. De Valois, « Deoxyglucose analysis

of retinotopic organization in primate striate cortex », *Science*, vol. 218, 1982, p. 902-904.

27. De la même manière, il est ardu de se remémorer l'air d'une chanson lorsque nous sommes déjà en train d'écouter une autre mélodie.

28. Jean-Marie Schaeffer, *Pourquoi la fiction ?*, *op. cit.*, p. 109.

29. Victor Chklovski, « L'art comme procédé », in *Théorie de la littérature*, Paris, Seuil, 1965. p. 76-97.

Chapitre 3. L'image et l'émotion

1. John Dewey, *L'Art comme expérience*, Paris, Gallimard, 2010, p. 63.

2. Antonio Damasio, *Spinoza avait raison. Joie et tristesse, le cerveau des émotions*, Paris, Odile Jacob, 2005.

3. Voir Paul D. MacLean et Roland Guyot, *Les Trois Cerveaux de l'homme*, Paris, Robert Laffont, 1990.

4. Nous suivrons largement ici, Jaak Panksepp dans sa présentation et dans sa distinction des émotions de base, puisqu'elle est désormais largement reprise et confirmée par la neurobiologie. Jaak Panksepp, *Affective Neuroscience : The Foundations of Human and Animal Emotions*, New York, Oxford University Press, 2004. Voir aussi Jaak Panksepp et Lucy Biven, *The Archeology of Mind : Neuroevolutionary Origins of Human Emotions*, New York, W. W. Norton, 2012.

5. Jaak Panksepp dans ses recherches fondamentales sur les émotions, distingue d'ailleurs les émotions de base (la peur, la rage, le désir, la panique, l'excitation, etc.) à partir des mécanismes physiologiques et physiques singuliers qui les fondent. Voir Jaak Panksepp, *Affective Neuroscience*, *op. cit.*, 2004.

6. Pour une critique de ce modèle, voir Joseph Ledoux, *Anxious. Using the Brain to Understand and Treat Fear and Anxiety*, New York, Viking, 2015.

7. Damasio, *Spinoza avait raison*, *op. cit.*, p. 63.

8. Voir l'ouvrage populaire de Wallace J. Nichols, *The Blue Mind*, New York, Back Bay Books, 2015.

9. Joseph Grady, « Primary Metaphors as Inputs of Conceptual Integration », *Journal of Pragmatics*, n° 37, 2005, p. 1595-1616.

10. Wilkowski B. M., Meier B. P., Robinson M. D., Carter M. S., Feltman R, « Hot-Headed is more than an Expression : the Embodied Representation of Anger in Terms of Heat », *Emotion*, 9 (4), 2009, p. 464–477.

11. George Lakoff et Mark Turner, *More than Cool Reason. A Field Guide to Poetic Metaphor*, Chicago, University Of Chicago Press, 1989, p. 51-53 ; voir de même Douglas Hofstadter et Emmanuel Sander, *L'Analogie, cœur de la pensée*, Paris, Odile Jacob, 2013, p. 428.

12. Voir sa thèse de doctorat, Joseph Grady, *Foundations of Meaning, Primary Metaphors and Primary Scenes*, Berkeley, 1997.

13. Joseph Grady, « Primary Metaphors as Inputs of Conceptual Integration », *art. cit.*, p. 1600. Notre traduction.

14. Voir la synthèse très accessible de James Geary, *I Is An Other : The Secret Life of Metaphor And How It Shapes the Way We See The World*, New York, Harper Perennial, 2011, p. 102.

15. Andrey J. Elliot et Markus A. Maier, « Color and Psychological Science », *Current Directions in Psychological Science*, vol. 16, n° 5, 2007, p. 250-254.

16. Edmund Burke, *Recherche philosophique sur l'origine de nos idées du sublime et du beau*, Paris, Vrin, 2009, p. 219.

17. Frédérique Toudoire-Surlapierre, *Colorado*, Paris, Minuit, 2015.

18. Bill Viola, « A Conversation with Bill Viola and Peter Lucas », *Glasstire*, 3 octobre 2013. En ligne : http://glasstire.com/2013/10/03/a-conversation-with-bill-viola/. Notre traduction.

19. N. Kwallek, H. Woodson, C. M. Lewis, C. Sales, « Impact of Three Interior Color Schemes on Worker Mood and Performance Relative to Individual Environmental Sensitivity », *Color Research and Application*, n° 22, 1997, p. 121-132.

20. Sur le recours aux métaphores primitives au cinéma, voir l'ouvrage d'Alistar Fox, *Speaking Pictures : Neuropsychoanalysis and Authorship in Film and Literature*, Bloomington, Indiana University Press, 2016.

21. Kerstin Thomas, « Arnold Böcklin », dans *Mélancolie. Génie et folie en Occident*, Paris-Berlin, Gallimard-RMN-SMB Staatliche Museen zu Berlin, 2005, p. 381.

22. *Idem.*

23. Que nous peinions autant à produire ce genre d'interprétation pour penser l'art abstrait tient surtout à la « tentation iconographique » qui anime désormais tout regard sur les images de l'art. Si nous avons à apprendre à regarder les tableaux abstraits, cet apprentissage tient essentiellement à l'émancipation de ces réflexes iconographiques.

24. Fernande Saint-Martin, *Sémiologie du langage visuel*, Québec, Presses des Universités du Québec, 1984.

25. Maxime Coulombe, *L'Œil, la peau, le piège.* Voir aussi David Le Breton, *Des visages*, Paris, Métailié, 1992.

26. Charles Darwin, *L'Expression des émotions chez l'homme et les animaux*, Paris, Rivages, 2001.

27. Paul Ekman soulignait l'existence de micro-expressions, durant une fraction de seconde, ignorées du sujet et produites naturellement lorsque nous sommes traversés par un affect. Paul Ekman, *Je sais que vous mentez ! L'art de détecter ceux qui vous trompent*, Paris, J'ai lu, 2011.

28. Darwin, *L'Expression des émotions chez l'homme et les animaux*, *op. cit.*, p. 392-393.

29. *Ibid.*, p. 29-30.

30. Voir entre autres Sarah F. Taub, *Language from the Body : Iconicity and Metaphor in American Sign Language*, Cambridge, Cambridge University Press, 2004.

31. Darwin, *L'Expression des émotions chez l'homme et les animaux*, *op. cit.*, p. 28.

32. Warburg, dans Ernst Gombrich, *Aby Warburg : an Intellectual Biography*, Chicago, University of Chicago Press, 1970, p. 72. Notre traduction.

33. Voir, par exemple, David Freedberg, « Empathy, Motion and Emotion », *in* K. Herding, A. Krause Wahl (dir.), *Wie sich Gefühle Ausdruck verschaffen : Emotionen in Nahsicht*, Berlin, Driesen, 2007, p. 17-51.

34. Voir Antonio Damasio, *Spinoza avait raison. Joie et tristesse, le cerveau des émotions*, *op. cit.*, p. 127. Pour l'étude originale, voir Ulf Dimberg, Monika Thunberg et Kurt Elmehed, « Unconscious facial reactions to emotional facial expressions », *Psychological Sciences*, vol. 11, n° 1, janvier 2000, p. 86-89.

35. Voir entre autres Vittorio Gallese et Alvin Goldman, « Mirror Neurons and the Simulation Theory of Mind Reading », *Trends in Cognitive Sciences*, vol. 2, n° 12, décembre 1998, p. 493-501.

36. *Ibid.*, p. 495.

37. Sur le dégoût, voir Giacomo Rizzolatti, Leonardo Fogassi et Vittorio Gallese, « Mirror Neurons in the Mind », *Scientific American*, novembre 2006, p. 54-69.

38. *Ibid.*, p. 495. Notre traduction. Voir aussi Giacomo Rizzolatti et Laila Craighero, « The Mirror-Neuron System », *Annual Review of Neuroscience*, 27, 2003, p. 196-192.

39. Vittorio Gallese et Alvin Goldman, « Mirror Neurons and the Simulation Theory of Mind Reading », *art. cit.*, p. 200.

40. Voir l'article important de Cinzia Di Dio, Emiliano Macaluso, Giacomo Rizzolatti, « The Golden Beauty : Brain Response to Classical and Renaissance Sculptures », *PLoS ONE*, 2007, n° 11, p. 1201.

41. David Freedberg et Vittorio Gallese, « Motion, Emotion and Empathy in Esthetic experience », *Trends in Cognitive Sciences*, vol. 11, n° 5, 2007, p. 197-203.

42. Vittorio Gallese et David Freedberg, « Mirror and Canonical Neurons are Crucial Elements in Esthetic Response », *Trends in Cognitive Sciences*, vol 11, n° 10, p. 411. Notre traduction.

43. Roberto Casati et Alessandro Pignocchi, « Mirror and Canonical Neurons Are Not Constitutive of Esthetic response », *Trends in Cognitive Sciences*, vol. 11, n° 10, 2007, p. 410.

44. Michael Fried, *La Place du spectateur. Esthétique et origines de la peinture moderne*, Paris, Gallimard, 1990.

Chapitre 4. L'image et le désir

1. Pour la psychanalyse, l'émotion ne peut être inconsciente, c'est le contenu – voire le signifiant – la provoquant qui l'est. Une telle lecture est pourtant mise à mal par

certaines approches lacaniennes : voir Adrian Johnson et Catherine Malabou, *Self and Emotional Life. Philosophy, Psychanalysis and Neurosciences*, New York, Columbia University Press, 2013.

2. Jaak Panksepp, *Affective Neuroscience : the Foundation of Human and Animal Emotions, op. cit.*, p. 145. Notre traduction.

3. De telles conclusions ne sont d'ailleurs pas en contraction avec les résultats des neurosciences. Voir la remarquable démonstration d'Adrian Johnson articulant Lacan et Damasio, « Misfelt feelings : Unconscious Affect Between Psychoanalysis, Neuroscience, and Philosophy », in *Self and Emotional Life : Philosophy, Psychanalysis and Neurosciences, op. cit.*, p. 150-184.

4. Cité dans Freedberg, *Le Pouvoir des images, op. cit.*, p. 21.

5. Platon, « La République », in *Œuvres complètes t. 1*, Paris, Gallimard, « Pléiade », 1940, p. 1221.

6. *Ibid.*, p. 1219.

7. Voir Jacques Lacan, *Séminaire livre XI. Les quatre concepts fondamentaux de la psychanalyse*, Paris, Seuil, 1973.

8. Amelia Jones, *Body Art. Performing the Subject*, Chicago, Chicago University Press, 1998.

9. Gilles Deleuze, « D comme désir », *Abécédaire*, 1988-1989.

10. David J. Kavanagh, Jackie Andrade et Jon May, « Imaginary Relish and Exquisite Torture : The Elaborated Intrusion Theory of Desire », *Psychological Review*, vol. 112, n° 2, p. 449. Notre traduction.

11. *Ibid.*, p. 451.

12. Jaak Panksepp, *Affective Neuroscience, op. cit.*, p. 122. Notre traduction.

13. Quelques débats animent toutefois les neurosciences sur la possibilité des animaux à percevoir leur émotion, voir Jaak Panksepp et Lucy Biven, *The Archeology of Mind*, *op. cit.*

14. Voir Marie-Josée Mondzain, *L'Image peut-elle tuer ?*, Paris, Bayard, 2002, p. 54. Voir aussi à ce sujet Maxime Coulombe, *Le Monde sans fin des jeux vidéo*, *op. cit.*

15. Voir Maxime Coulombe, *Petite Philosophie du zombie*, Paris, Puf, 2012.

16. Jean-Pierre Vernant, *Mythe et tragédie chez les Grecs, tome II*, Paris, La Découverte, 2004, p. 88-89.

17. Voir aussi Étienne Souriau, « Catharsis », *Vocabulaire d'esthétique*, Paris, Puf, 2006, p. 327-328.

Chapitre 5. Image et nouveauté

1. Jacques Rancière, *Le Spectateur émancipé*, Paris, La Fabrique, 2008, p. 72.

2. « L'originalité de mes recherches, quelle que soit son importance, sera annihilée » [Notre traduction]. Darwin dans Hörst Bredekamp, *Les Coraux de Darwin*, Paris, Presses du réel, 2008, p. 87.

3. « L'arbre de la vie devrait être appelé le corail de la vie » [je traduis]. Darwin dans Hörst Bredekamp, « La "main pensante". L'image dans les sciences cognitive », *Penser l'image*, Paris, Presses du réel, 2010, p. 188.

4. Bredekamp, *Les Coraux de Darwin*, *op. cit.*, p. 129. Nous soulignons.

5. *Ibid.*, p. 13.

6. Joseph Grady, « Primary Metaphors as Inputs to Conceptual Integration », *Journal of Pragmatics*, 37, 2005, p. 1596. Notre traduction.

7. Voir aussi, sur cette question, Georges Lakoff et Mark Johnson, *Metaphors we live by*, Chicago, Chicago University Press, 1980.

8. Charles Baudelaire, « Notes nouvelles sur Edgar Poe », *in* Edgar Allan Poe, *Œuvres en Prose*, Paris, Gallimard, « La Pléiade », 1951, p. 1056.

9. Giorgio Agamben, *La Puissance de la pensée*, Paris, Rivages, 2006, p. 310-343 ; *Idée de la prose*, Paris, Christian Bourgois, 1998, p. 15 ; *Enfance et Histoire*, Paris, Rivages, 2001.

10. Giorgio Agamben, *La Communauté qui vient. Théorie de la singularité quelconque*, Paris, Seuil, 1990, p. 49. Il ajoute : « […] c'est pourquoi l'unique expérience éthique (qui, comme telle, ne saurait être ni une tâche, ni une décision subjective) consiste à être sa (propre) puissance, à laisser exister sa (propre) possibilité. »

11. Giorgio Agamben, *Signatura Rerum. Sur la méthode*, Paris, Vrin, 2008, p. 9-36.

12. Giorgio Agamben, *Idée de la prose*, *op. cit.*, p. 83.

13. Philip-Lorca diCorcia, « Interview with Josefina Ayerza », *Lacanian Ink*, n° 14, printemps 1999 : http://www.lacan.com/frameXIV9.htm.

14. Giorgio Agamben, *Idée de la prose*, *op. cit.*, p. 114.

15. *Ibid.*, p. 79.

16. « Le beau visage est peut-être le seul lieu où il y ait vraiment du silence » notait d'ailleurs Agamben (*ibid.*, p. 102).

Post-scriptum. Éloge de l'émotion

1. Giorgio Agamben, *La Communauté qui vient. Théorie de la singularité quelconque*, *op. cit.*, p. 47.

2. Voir le classique de Carol Gilligan, *Une voix différente. Pour une éthique du care*, Paris, Flammarion, « Champs Essais », 2008, p. 37 ; voir aussi la citation célèbre de Joan Tronto : « Activité caractéristique de l'espèce humaine, qui recouvre tout ce que nous faisons dans le but de maintenir, de perpétuer et de réparer notre monde, afin que nous puissions y vivre aussi bien que possible » (dans *Un monde vulnérable. Pour une politique du care*, Paris, La Découverte, 2009, p. 13).

3. Catherine Grenier, *La Revanche des émotions. Essai sur l'art contemporain*, Paris, Seuil, 2008, p. 23.

4. *Ibid.*, p. 39.

5. Evelyne Grossman, *Éloge de l'hypersensible*, Paris, Minuit, 2017, p. 9.

6. *Ibid.*, p. 12.

REMERCIEMENTS

Née d'une interrogation lancinante qui m'accompagne depuis mes années de thèse, l'écriture de cet ouvrage a exigé de longues – trop longues – recherches. C'est grâce au soutien du Conseil des arts et des lettres du Canada (CRSH) et de l'Université Laval, qu'une telle publication a pu voir le jour.

L'argument de cet ouvrage a aussi ouvert à des discussions souvent animées et riches avec des collègues, des amis. Et au fond, on écrit pour continuer une conversation, la faire résonner, la prolonger. Merci à tous ceux avec qui j'ai discuté de ce projet, de son écriture.

Quelques arguments de ce travail ont d'ailleurs été esquissés dans des articles et des publications collectives : « Le corail, la dynamite et autres objets hétéroclites. Originalité et nouveauté par l'image », dans *Globe* ; « Épiphanie et modernité : note sur pessimisme », dans *Lucidité : vues de l'intérieur* ; « La menace des oiseaux : l'iconicité et la ressemblance des images à l'ère du relativisme », dans *RACAR*.

Je suis reconnaissant aux institutions et aux artistes de m'avoir permis de reproduire leurs œuvres. Merci tout spécialement à Marie Krauss et à Matthew Harper. Merci à Florent Michaud pour son aide à l'élaboration du cahier visuel.

Merci à Mathieu, à Max et à Louis-Philippe, car on ne pense jamais seul.

Merci à Camille et à Loulou de rendre la vie plus belle que les images.

BIBLIOGRAPHIE

AGAMBEN Giorgio, *La Communauté qui vient. Théorie de la singularité quelconque*, Paris, Seuil, 1990.

—, *Idée de la prose*, Paris, Christian Bourgois, 1998.

—, *Enfance et Histoire*, Paris, Rivages, 2001.

—, *La Puissance de la pensée*, Paris, Rivages, 2006.

—, « Qu'est-ce qu'un paradigme ? », *Signatura Rerum. Sur la méthode,* Paris, Vrin, 2008.

ALBERTI, *De pictura*, Paris, Allia, 2007.

ALPERS Svetlana, *The Art of Describing : Dutch Art of the Seventeenth Century*, Chicago, University of Chicago Press, 1983.

AMOSSY Ruth, *L'Argumentation dans le discours*, Paris, Armand Colin, 2012.

ARASSE Daniel, *On n'y voit rien*, Paris, Gallimard, 2000.

—, *Le Sujet dans le tableau*, Paris, Flammarion, 2008.

—, *Le Détail. Pour une histoire rapprochée de la peinture*, Paris, Flammarion, 2009.

ARISTOTE, *La Poétique*, Paris, Seuil, 2011.

AUERBACH Erich, *Mimèsis. La représentation de la réalité dans la littérature occidentale*, Paris, Gallimard, 1973.

BARTHES Roland, *La Chambre claire*, Paris, Seuil, 1980.

—, « La mort de l'auteur », in *Le Bruissement de la langue*, Paris, Seuil, 1993.

—, « Rhétorique de l'image », in *Œuvres complètes II*, Paris, Seuil, 2002, p. 575-588.

—, « Le plaisir du texte », in *Œuvres Complètes IV*, Paris, Seuil, 2002.

BARTHOLEYNS Gil (dir.), *La Performance des images*, Bruxelles, Université de Bruxelles, 2010.

BAUDELAIRE Charles, « Notes nouvelles sur Edgar Poe », *in* Edgar Allan Poe, *Œuvres en Prose*, Paris, Gallimard, « La Pléiade », 1951.

BAYARD Pierre, *Qui a tué Roger Ackroyd ?*, Paris, Minuit, 1998.

—, *Enquête sur Hamlet. Le dialogue de sourds*, Paris, Minuit, 2002.

—, *L'Affaire du chien des Baskerville*, Paris, Minuit, 2008.

BELTING Hans, *Le Chef-d'œuvre invisible*, Nîmes, Jacqueline Chambon, 2003.

—, *Pour une anthropologie des images*, Paris, Gallimard, 2004.

—, *La Vraie Image. Croire aux images ?*, Paris, Gallimard, 2007.

BENJAMIN Walter, « Sur quelques thèmes baudelairiens », in *Œuvres III*, Paris, Gallimard, 2000, p. 329-390.

BERGSON Henri, *Matière et Mémoire*, Paris, Puf, 1968.

BERTHELOT Jean-Michel, *L'Empire du vrai. Connaissance scientifique et modernité*, Paris, Puf, 2008.

BOEHM Gottfried, MITCHELL W. T. J., « Pictorial versus Iconic Turn, Two letters », *Culture, Theory & Critique*, 2009, 50 (2-3), p. 103-121.

BOEHM Gottfried, MONDZAIN Marie-Josée et al., *Penser l'image*, Paris, Presses du réel, 2010.

BOGHOSSIAN Paul, *La Peur du savoir. Sur le relativisme et le constructivisme de la connaissance*, Marseille, Agone, 2009.

BORDAGE Georges, « Considerations on Preparing a Paper for Publication », *Teaching and Learning in Medicine*, 1(1), 1989, p. 47-52.

BOUCHARD Stéphane, DUMOULIN Stéphanie, ROBILLARD Geneviève, GUITARD Tanya, KLINGER Évelyne, FORGET Hélène, LORANGER Claudie, et ROUCAUT François Xavier, « Virtual reality compared with in vivo exposure in the treatment of social anxiety disorder : a three-arm randomised controlled trial », *The British Journal of Psychiatry*, n° 210, 2017, p. 276–283.

BOULNOIS Olivier, *Au-delà de l'image : une archéologie du visuel au Moyen Âge*, Paris, Seuil, 2008.

BOURDIEU Pierre, *Méditations pascaliennes*, Paris, Seuil, 2003.

—, *La Distinction. Critique sociale du jugement*, Paris, Minuit, 1979.

BREDEKAMP Hörst, *Machines et cabinets de curiosité*, Paris, Diderot, 1997.

—, *Les Coraux de Darwin*, Paris, Presses du réel, 2008.

—, « La “main pensante”. L'image dans les sciences cognitives », *Penser l'image*, Paris, Presses du réel, 2010.

BRETON Philippe, *L'argumentation dans la communication*, Paris, La découverte, 2005.

BUCHANAN T. W., « Retrieval of Emotional Memories », *Psychological Bulletin*, 133, n° 5, 2007.

BURGIN Victor, « Looking at Photographs », in *Thinking Photography*, New York, Palgrave, 1982, p. 142-153.

BURKE Edmund, *Recherche philosophique sur l'origine de nos idées du sublime et du beau*, Paris, Vrin, 2009.

BYRNE Richard W., « Animal Imitation », *Current Biology*, vol. 19, n° 3, février 2009, p. R111-R114.

CADIEU Charles F., HA HONG Daniel, YAMINS L. J., PINTO Nicolas, ARDILA Diego, SOLOMON Ethan A., NAJAJ Najib J., DICARLO James J., « Deep Neural Networks Rival the Representation of Primate IT Cortex for Core Visual Object Recognition », *PLOS Computational Biology*, vol. 10, n° 12, décembre 2014, p. 1-18.

CARANI Marie, « L'hypoiconicité comme paradigme des arts visuels », *Visio*, vol. 3, n° 1, printemps 1998, p. 65-84.

CARROLL Noel, « Art and Human Nature », *The Journal of Aesthetics and Art Criticism*, vol. 62, n° 2, 2004, p. 95-107.

CASATI Roberto, PIGNOCCHI Alessandro, « Mirror and canonical neurons are not constitutive of Aesthetic response », *Trends in Cognitive Sciences*, vol. 11, n° 10, 2007, p. 410.

CHARPENTRAT Pierre, « Le trompe-l'œil », *Nouvelle Revue française de psychanalyse, Effets et forces de l'illusion*, Paris, Gallimard, n° 4, 1971.

CHIANESE Donenico, FONTANA Andreina, *Imaginons. Le visible et l'inconscient*, Paris, Ithaque, 2015.

CHITTKA Lars, DYER Adrian, « Your face looks familiar », *Nature*, vol. 481, 2012, p. 154-155.

CHKLOVSKI Victor, « L'art comme procédé », *Théorie de la littérature*, Paris, Seuil, 1965, p. 76-97.

CHOI Seong Mang, *Mimesis und historische Erfahrung. Untersuchungen zur Mimesistheorie Walter Benjamin*, Berlin, Lang, 1997.

CLAIR Jean (dir.), *Mélancolie. Génie et folie en Occident*, Paris-Berlin, Gallimard-RMN-SMB Staatliche Museen zu Berlin, 2005

CLARK David L., UETZ George W., « Video image regognition by the jumping spider, Maevia inclemens (Aranea : Salticidae) », *Animal Behaviour*, vol. 40, 1990, p. 884-890.

CLARK T. J., *The Sight of Death : a Experiment in Art Writing*, Yale, Yale University Press, 2008.

COHN Danièle, « Imitation », *Encyclopédie universalis*, Paris, 2002.

COLERIDGE Samuel Taylor, *Biographia Literaria*, 1817.

COREN Stanley, *Secrets de chiens*, Paris, Payot, 2015.

CONSTANTINI Michel, « Sur un paradoxe de l'iconique », *Visio*, vol. 3, n° 1, printemps 1998, p. 55-64.

COULOMBE Maxime, « L'œil, la peau, le piège », *Cahier de l'observatoire NIVEA*, 2008, p. 17-22.

—, *Le Monde sans fin des jeux vidéo*, Paris, Puf, 2010.

—, « Épiphanie et modernité : note sur le pessimisme », in *Lucidité : vues de l'intérieur*, Montréal, Mois de la photo de Montréal, 2011, p. 227-237.

—, *Petite Philosophie du zombie*, Paris, Puf, 2012.

—, « Le corail, la dynamite et autres objets hétéroclites. Originalité et nouveauté par l'image », *Globe*, vol. 17, n° 1, 2014, p. 109-130.

—, « La ressemblance, le doute, la ruine », *ESSE*, n° 85, automne 2015, p. 30-35.

—, « La menace des oiseaux : l'iconicité et la ressemblance des images à l'ère du relativisme », *RACAR*, n° 41, 2016, p. 17-29.

DAMASIO Antonio, *L'Erreur de Descartes*, Paris, Odile Jacob, 2003.

—, *Spinoza avait raison. Joie et tristesse, le cerveau des émotions*, Paris, Odile Jacob, 2005.

—, *L'Autre Moi-même. Les nouvelles cartes du cerveau, de la conscience et des émotions*, Paris, Odile Jacob, 2010.

DAMASIO Antonio, MEYER Kaspar, « Behind the looking-glass », *Nature*, vol. 454, 10 juillet 2008, p. 167-168.

DAMISCH Hubert, *La Théorie du nuage. Pour une histoire de la peinture*, Paris, Seuil, 1972.

—, *Le Jugement de Paris, Iconologie analytique*, Paris, Flammarion, 1999.

DARWIN Charles, *L'Expression des émotions chez l'homme et les animaux*, Paris, Rivages, 2001.

DEBRAY Régis, *Vie et mort de l'image. Une histoire du regard en Occident*, Paris, Gallimard, 1995.

DE CESAREI Andrea, LOFTUS Geoffrey R., « Global and local vision in nature scene identification », *Psychon Bull Rev.*, n° 18, 2011, p. 840-847.

DELATTRE Pierre, DE LIBERA Alain, « Analogie », *Encyclopedia Universalis*, Paris, 2017.

DELEUZE Gilles, « D comme désir », *Abécédaire*, 1988-1989.

DELEUZE Gilles, GUATTARI Félix, *Mille Plateaux*, Paris, Minuit, 1980.

DERRIDA Jacques, *La Vérité en peinture*, Paris, Flammarion, 1978.

—, *Penser à ne pas voir. Écrits sur les arts du visible*, Paris, La Différence, 2004.

DI DIO Cinzia, MACALUSO Emiliano, RIZZOLATTI Giacomo, « The golden beauty : brain response to classical and renaissance sculptures ». *PLoS ONE*, n° 11, 2007, p. 1201.

DIMBERG Ulf, THUNBERG Monika, ELMEHED Kurt, « Unconscious facial reactions to emotional facial expressions », *Psychological Sciences*, vol. 11, n° 1, janvier 2000, p. 86-89.

DESPRET Vinciane, « "Il faudrait revoir la copie" : l'imitation chez l'animal », *Mimèsis : approches actuelles*, Bruxelles, La Lettre volée, 2007, p. 243-262.

DEWEY John, *L'Art comme expérience*, Paris, Gallimard, 2010.

DICORCIA Philip-Lorca, « Interview with Josefina Ayerza », *Lacanian Ink*, n° 14, printemps 1999 : http://www.lacan.com/frameXIV9.htm.

DIDI-HUBERMAN Georges, *Mémorandum de la peste*, Paris, Christian Bourgeois, 1983.

—, *La Peinture incarnée*, Paris, Minuit, 1984.

—, *Devant l'image, questions posées aux fins d'une histoire de l'art*, Paris, Minuit, 1990.

—, *Ce que nous voyons, ce qui nous regarde*, Paris, Minuit, 1991.

—, *L'Image survivante. Histoire de l'art et temps des fantômes selon Aby Warburg*, Paris, Minuit, 2002.

—, *Images malgré tout*, Paris, Minuit, 2003.

—, *L'Image ouverte. Motifs de l'incarnation dans les arts visuels*, Paris, Gallimard, 2007.

—, *La Ressemblance par contact. Archéologie, anachronisme et modernité de l'empreinte*, Paris, Minuit, 2008.

DILL Marcus, WOLF Reinhard, HEINSENBERG Martin, « Visual pattern recognition in Drosophila involves retinotopic matching », *Nature*, vol. 365, 1993, p. 751-753.

EBERT-SSCHIFFERER Sybille *et al.*, *Deceptions and Illusions. Five Centuries of Trompe-l'œil Painting*, Washington, National Gallery, 2002.

ECO Umberto, *Le Signe*, Paris, Livre de poche, 1992.

—, *Six Promenades dans les bois du roman et d'ailleurs*, Paris, Livre de poche, 1996.

—, « Réflexions à propos du débat sur l'iconisme (1968-1998) », *Visio*, vol. 3, n° 1, printemps 1998, p. 9-32.

—, *Kant et l'ornithorynque*, Paris, Livre de poche, 1999.

—, *Lector in Fabula*, Paris, Livre de poche, 2001.

—, *Dire presque la même chose. Expériences de traduction*, Paris, Livre de poche, 2010.

ELLIOT Andrey J., MAIER Markus A., « Color and Psychological Science », *Current Directions in Psychological Science*, vol. 16, n° 5, 2007, p. 250-254.

EKMAN Paul, *Je sais que vous mentez ! L'art de détecter ceux qui vous trompent*, Paris, J'ai lu 2011.

FAIR Joseph, FLOM Ross, JONES Jacob, MARTIN Justin, « Perceptual Learning : 12-Month-Olds' Discrimination of Monkey Faces », *Child Development*, vol. 83, n° 6, nov./déc. 2012, p. 1996-2006.

FAUCONNIER Gilles, TURNER Mark, *The Way we Think : Conceptual Blending and the Mind's Hidden Complexities*, New York, Basic Books, 2002.

FLAUBERT Gustave, *Madame Bovary*, Paris, Michel Lévy frères, 1857.

FOX Alistar, *Speaking Pictures : Neuropsychanalysis and Authorship in Film and Literature*, Bloomington, Indiana University Press, 2016.

FRAZER James-Georges, *Le Rameau d'or, T. I-IV*, Paris, Robert Laffont, 1998.

FREEDBERG, David, « Imitation and its Discontents », in *Künstlerischer Austausch : Artistic Exchange*, Berlin, Akademie Verlag, 1993, p. 483-491.

—, *Le Pouvoir des images*, Paris, Gérard Montfort, 1998.

—, « Empathy, Motion and Emotion », *in* K. Herding, A. Krause Wahl (dir.), *Wie sich Gefühle Ausdruck verschaffen : Emotionen in Nahsicht*, Berlin, Driesen, 2007, p. 17-51.

FREEDBERG David, GALLESE Vittorio, « Motion, Emotion and Empathy in Esthetic experience », *Trends in Cognitive Sciences*, vol. 11, n° 5, 2007, p. 197-203.

FRIED Michael, *La Place du spectateur. Esthétique et origines de la peinture moderne*, Paris, Gallimard, 1990.

FRIES, Pascal, « A mechanism for cognitive dynamics : neuronal communication through neuronal coherence », *TRENDS in Cognitive Sciences*, vol. 9, n° 10, octobre 2005, p. 474-481.

GADAMER Hans Georg, « Kunst une Nachahmung », in *Kleine Schriften*, t. 2, Tübingen, Mohr, 1977, p. 16-26.

—, « Dichtung und Mimesis », *Kleine Schriften, t. 4*, Tübingen, Morh, 1977, p. 228-233.

GALLESE Vittorio, GOLDMAN Alvin, « Mirror Neurons and the Simulation Theory of Mind Reading », *Trends in Cognitive Sciences*, vol. 2, n° 12, décembre 1998, p. 493-501.

GALLESE Vittorio, FREEDBERG David, « Mirror and canonical neurons are crucial elements in esthetic response », *Trends in Cognitive Sciences*, vol. 11, n° 10, 2007, p. 411.

GEARY James, *I Is An Other : The Secret Life of Metaphor And How It Shapes the Way We See The World*, New York, Harper Perennial, 2011.

GEBAUER Gunter, WULF Christophe, « Mimesis », in *Encyclopedia of Aesthetic, t. 3*, Oxford, Oxford University Press, 1998, p. 232-238.

—, *Mimèsis : culture-art-société*, Paris, Cerf, 2005.

GEFEN Alexandre, « Introduction », in *Mimèsis*, Paris, Flammarion, 2003.

GENETTE Gérard, *Palimpsestes*, Paris, Seuil, 1982.

—, *Seuils*, Paris, Seuil, 1987.

GIL Sandrine, DROIT-VOLET Sylvie, *Time Perception, Depression and Sadness*, *Behavioural Processes*, vol. 80, n° 2, février 2009, p. 169-176.

GILLIGAN Carol, *Une voix différente. Pour une éthique du care*, Paris, Flammarion, « Champs Essais », 2008.

GINZBURG Carlo, *Rapport de force. Histoire, rhétorique, preuve*, Paris, Hautes études/Gallimard/Seuil, 2003.

GOFFMAN Erving, *La Mise en scène de la vie quotidienne*, t. 1, Paris, Minuit, 1973.

GOMBRICH Ernst, *Aby Warburg : an Intellectual Biography*, Chicago, University of Chicago Press, 1970.

—, *Méditations sur un cheval de bois et autres essais*, Londres, Thames and Hudson, 1986.

—, *L'Art et l'illusion. Psychologie de la représentation picturale*, Paris, Gallimard, 2006.

GOODMAN Nelson, *Manière de faire des mondes*, Paris, Gallimard, 2006.

—, *Langages de l'art*, Paris, Pluriel, 2011.

GOOLKASIAN Paula, « Research in Visual Pattern Recognition : The Enduring Legacy of Studies From the 1960s », *The American Journal of Psychology*, vol. 125, n° 2, été 2012, p. 155-163.

GRADY Joseph, *Foundations of Meaning, Primary Metaphors and Primary Scenes*, thèse de doctorat, Berkeley, 1997.

—, « Primary Metaphors as inputs of conceptual integration », *Journal of Pragmatics*, n° 37, 2005, p. 1595-1616.

GRENIER Catherine, *La Revanche des émotions. Essai sur l'art contemporain*, Paris, Seuil, 2008.

GROSSMAN Évelyne, *Éloge de l'hypersensible*, Paris, Minuit, 2017.

GUTHRIE Stewart, *Faces in the Clouds : A New Theory of Religion*, Oxford, Oxford University Press, 1995.

HALLIWELL Stephen, *The Aesthetics of Mimesis : Ancient Texts and Modern Problems*, Princeton, Princeton University Press, 2002.

HAGELSTEIN Maud, « Ressemblances et dissemblances chez Georges Didi-Huberman », *Mimèsis : approches actuelles*, Bruxelles, La Lettre volée, 2007, p. 103-128.

HOFSTADTER Douglas, SANDER Emmanuel, *L'Analogie : cœur de la pensée*, Paris, Odile Jacob, 2013.

HURLEY Susan, CHARTER Nick, *Perspective on Imitation : from Neuroscience to Social Science*, Cambridge, MIT Press, 2005.

HYMAN John, *The Objective Eye*, Chicago, Chicago University Press, 2006.

JAMESON Frederick, « Lecture sans interprétation : le post-modernisme et le texte vidéo », *Communications*, vol 48, n° 1, 1988, p. 105-120.

JAUSS Hans Robert, *Pour une esthétique de la réception*, Paris, Gallimard, 1978.

JOHNSON Adrian, MALABOU Catherine, *Self and Emotional Life. Philosophy, Psychanalysis and Neurosciences*, New York, Columbia University Press, 2013.

JOLY Martine, *L'Image et les signes : approche sémiologique de l'image fixe*, Paris, Nathan, 2000.

JONES Amelia, *Body Art : Performing the Subject*, Chicago, Chicago University Press, 1998.

JUNOD Philippe, « Plus vrai que nature ? Les avatars de la mimèsis », *Mimèsis : approches actuelles*, Bruxelles, La Lettre Volée, 2007, p. 15-74.

JUNG Werner, *Von der Mimesis zur Simulation. Eine Einführung in die Geschischte der Äesthetik*, Hambourg, Junius, 1995.

KAVANAGH David J., ANDRADE Jackie, MAY Jon, « Imaginary Relish and Exquisite Torture : The Elaborated Intrusion Theory of Desire », *Psychological Review*, vol. 112, n° 2, p. 449.

KIRKPATRICK Marc, ROSENTHAL Gil G., « Symmetry without fear », *Nature*, 372, novembre 1994, p. 134-135.

KOSSYLN Stephen M., THOMPSON William L., GANIS Giorgio, *The Case for Mental Imagery*, Oxford, Oxford University Press, 2006.

KWALLEK Nancy, WOODSON Harrell, LEWIS Carol M., SALES C., « Impact of three interior color schemes on worker mood and performance relative to individual environmental sensitivity », *Color Research and Application*, n° 22, 1997, p. 121-132.

LACAN Jacques, *Les Quatre Concepts fondamentaux de la psychanalyse. Le séminaire Livre XI*, Paris, Seuil, 1973.

—, *Les Psychoses. Le séminaire livre III, 1955-1956*, Paris, Seuil, 1981.

—, « Télévision », in *Autres Écrits*, Paris, Seuil, 2001.

LAKOFF George, JOHNSON Marc, *Metaphors we Live by*, Chicago, University of Chicago Press, 1980.

—, *Philosophy in the Flesh : The Embodied Mind and its challenge to Western Thought*, New York, Basic Book, 1999.

LAKOFF George, TURNER Mark, *More than Cool Reason ; A Field Guide to Poetic Metaphor*, Chicago, University Of Chicago Press, 1989, p. 51-53.

LE BRETON David, *Des visages*, Paris, Métailié, 1992.

LEDOUX Joseph, *The Emotional Brain, The Mysterious Underpinnings of Emotional Life*, New York, Simon & Schuster, 1998.

—, *Anxious. Using the Brain to Understand and Treat Fear and Anxiety*, New York, Viking, 2015.

LEDUC Jean, *Les Historiens et le temps*, Paris, Seuil, 1999.

LENAIN Thierry, DORIES Danielle (dir.), *Mimèsis*, Bruxelles, La Lettre volée, 2007.

MACLEAN Paul D., GUYOT Roland, *Les Trois Cerveaux de l'homme*, Paris, Robert Laffont, 1990.

MARIN Louis, « Imitation et trompe-l'œil dans la théorie classique de la peinture au XVIIe siècle », in *L'Imitation. Aliénation ou source de liberté ?* (Rencontres de l'École du Louvre), Paris, La Documentation française, 1985.

—, *De la représentation*, Paris, Gallimard-Seuil, 1993.

—, *Détruire la peinture*, Paris, Flammarion, « Champs », 1997.

—, *Études sémiologiques. Écriture, peinture*, Paris, Klincksieck, 2005.

MAURIÈS Patrick, *Le Trompe-l'œil. De l'antiquité au XXe siècle*, Paris, Gallimard, 1996.

MERLEAU-PONTY Maurice, *L'Œil et l'esprit*, Paris, Gallimard, 1964.

—, *Sens et non sens*, Paris, Gallimard, 1966.

MITCHELL W. J. T., *Picture Theory. Essays on Verbal and Visual representation*, Chicago, University of Chicago Press, 1995.

—, *What do Pictures Want ? The Lives and Loves of Images*, Chicago, University of Chicago Press, 2006.

—, *Iconologie : textes, images, idéologie*, Paris, Les Prairies ordinaires, 2009.

—, *Cloning terror : the War on Images, 9/11 to the Present*, Chicago, University of Chicago Press, 2011.

MONDZAIN Marie-Josée, *L'Image peut-elle tuer ?*, Paris, Bayard, 2002.

MOXEY Keith, « Les études visuelles et le tournant iconique », *Intermédialités : histoire et théorie des arts, des lettres et des techniques*, n° 11, 2008, p. 149-168.

NANCY Jean-Luc, *Au fond des images*, Paris, Galilée, 2003.
NICHOLS Wallace J., *The Blue Mind*, New York, Back Bay Books, 2015.
OOMEN Charlotte A., HVOSLEF-EIDE Martha, « The touchscreen operant platform for testing working memory and pattern separation in rats and mice », *Nature protocols*, n° 8, vol. 10, 2013, p. 2006–2021.
PANKSEPP Jaak, *Affective Neuroscience : The Foundations of Human and Animal Emotions*, New York, Oxford University Press, 2004.
PANKSEPP Jaak, BIVEN Lucy, *The Archeology of Mind : Neuroevolutionary Origins of Human Emotions*, New York, W. W. Norton, 2012.
PAVEL Thomas, *L'Univers de la fiction*, Paris, Seuil, 2017.
PEIRCE Charles S., *Écrits sur le signe*, Pairs, Seuil, 1978.
—, *Essential Peirce : Selected Philosophical Writings volume II (1893-1913)*, Bloomington, Indiana University Press, 1998.
PLATON, « La République », in *Œuvres complètes t. 1*, Paris, Gallimard, « Pléiade », 1940.
PLINE L'ANCIEN, *Histoires naturelles, Livre XXXV*, traduit et annoté par Émile Littré, Paris, Dubochet, 1848-1850, tome II.
PREZIOSI Donald, « A Tale of two Carpets », *Visio*, vol. 3, n° 1, printemps 1998, p. 85-96.
—, *Rethinking Art History : Meditations on a Coy science*, New Haven, Yale University Press, 1991.
RANCIÈRE Jacques, *Le Partage du sensible*, Paris, La Fabrique, 2000.
—, *Le Destin des images*, Paris, La Fabrique, 2003.
—, *Le Spectateur émancipé*, Paris, La Fabrique, 2008.

RANTA Michael, *Mimesis as the Representation of Types. The Historical and Psychological Basis of an Aesthetic Idea*, Stockholm, Stockholm University Press, 2000.

RIEBER Audrey, *Art, histoire et signification. Un essai d'épistémologie d'histoire de l'art autour de l'iconologie d'Erwin Panofsky*, Paris, L'Harmattan, 2012.

RIESENHUBER Maximilian, POGGIO Tomaso, « Models of object recognition », *Nature neuroscience*, vol. 3, 2000, p. 1199-1214.

RIZZOLATTI Giacomo, CRAIGHERO Laila, « The Mirror-Neuron System », *Annual Review of Neuroscience*, n° 27, 2003, p. 196-192.

RIZZOLATTI Giacomo, FOGASSI Leonardo, GALLESE Vittorio, « Mirror Neurons in the Mind », *Scientific American*, novembre 2006, p. 54-69.

SAINT-MARTIN Fernande, *Sémiologie du langage visuel*, Québec, Presses des Universités du Québec, 1984.

—, *Les Fondements topologiques de la peinture*, Montréal, Bibliothèque québécoise, 1989.

SARTRE Jean-Paul, *L'Imaginaire*, Paris, Gallimard, 1986.

—, *L'Imagination*, Paris, Puf, 2001.

SAUSSURE Ferdinand de, *Essais de sémiologie générale*, Paris, Payot, 1995.

SCHAEFFER Jean-Marie, *Les Célibataires de l'art. Pour une esthétique sans mythe*, Paris, Gallimard, 1996.

—, *Pourquoi la fiction ?*, Paris, Seuil, 1999.

—, *La Fin de l'exception humaine*, Paris, Gallimard, 2007.

SHIMAMURA Arthur P., *Experiencing Art : in the Brain of the Beholder*, Oxford, Oxford University Press, 2013.

SINHA Pawan, « Recognizing complex pattern », *Nature neuroscience supplement*, vol. 5, novembre 2002, p. 1093-1097.

SNOWDEN Robert, THOMPSON Peter, TROSCIANKO Tom, *Basic Vision. An Introduction to Visual Perception*, Oxford, Oxford University Press, 2012.

SOLMS Mark, TURNBULL Oliver, *Le Cerveau et le monde interne*, Paris, Puf, 2015.

SONTAG Susan, *Devant la douleur des autres*, Paris, Christian Bourgeois, 2003.

—, *Sur la photographie*, Paris, Christian Bourgeois, 2008.

SOURIAU Étienne, « Catharsis », in *Vocabulaire d'esthétique*, Paris, Puf, 2006, p. 327-328.

SPARIOSU Mihai, « Introduction », in *Mimesis in Contemporary Theory : an Interdisciplinary Approch, t. 1 : The Literary and Philosophical Debate*, Philadelphie, Benjamins, 1984, p. 1-29.

SOLMS Mark, TURNBULL Oliver, *Le Cerveau et le monde interne*, Paris, Puf, 2015.

SONESSON Göran, « That there are Many Kinds of Iconic Signs », *Visio*, vol. 3, n° 1, printemps 1998, p. 33-54.

STARR G. Gabrielle, *Feeling Beauty : The neuroscience of Aesthetic Experience*, Boston, Cambridge, MIT Press, 2013.

TAUB Sarah F., *Language from the Body. Iconicity and Metaphor in American Sign Language*, Cambridge, Cambridge University Press, 2004.

THOMAS Kerstin, « Arnold Böcklin », in *Mélancolie. Génie et folie en Occident*, Paris-Berlin, Gallimard-RMN-SMB Staatliche Museen zu Berlin, 2005.

TODOROV Tzvetan, « Les infortunes de l'imitation », in *Théories du symbole*, Paris, Seuil, 1977, p. 141-159.

TOOTELL Roger B. H., SILVERMAN Martin S., SWITKES Eugene, DE VALOIS Russell L., « Deoxyglucose analysis of retinotopic organization in primate striate cortex », *Science*, n° 218, 1982, p. 902-904.

TOUDOIRE-SURLAPIERRE Frédérique, *Colorado*, Paris, Minuit, 2015.

TRONTO Joan, *Un monde vulnérable, Pour une politique du care*, La Découverte, 2009.

TULVING Endel, « Episodic and semantic memory », in *Organization of Memory*, New York, Academic Press, 1972.

—, « Organization of Memory : Quo Vadis ? », in *Organization of Memory*, New York, Academic Press, 1972.

VERNANT Jean-Pierre, *Mythe et tragédie chez les Grecs*, t II, Paris, La Découverte, 2004.

VIOLA Bill, « A Conversation with Bill Viola and Peter Lucas », *Glasstire*, 3 octobre 2013. En ligne : http://glasstire.com/2013/10/03/a-conversation-with-bill-viola/.

WALTON Karl, *Mimesis as Make-Believe : On the foundation of the Representational Arts*, Cambridge, Harvard University Press, 1990.

WILKOWSKI B. M., MEIER B. P., ROBINSON M. D., CARTER M. S., FELTMAN R., « Hot-Headed is More than an Expression. The Embodied Representation of Anger in Terms of Heat », *Emotion*, vol. 9(4), 2009, p. 464–477.

WRIGHT Paul J., TOKUNAGA Robert S., KRAUSS Ashley, « A Meta-Analysis of Pornography Consumption and Actual Acts of Sexual Aggression in General Population Study », *Journal of Communication*, n° 66, vol. 1, 2016, p. 183-206.

ZAJONC Robert B., « Attitudinal Effects of Mere Exposures », *Journal of Personality and Social Psychology*, vol. 9, n° 2, 1968, p. 1-27.

CRÉDITS

Figure 1. Johannes Wermer, *La Laitière*, 1658, huile sur toile, 45,5 × 41 cm.
Bridgeman Images.

Figure 2. Le panneau A15b de la sécurité routière française.
Wikimedia Commons / Carulmare / CC BY 2.0.

Figure 3. Wyeth Andrew, *Christina's World*, 1948, tempera sur gesso, 81,9 × 121,3 cm. © Adagp, Paris, 2022.

Figure 4. Goddard Drew, *Marvel's Daredevil*, 2015, photogramme de la série. Saison 1, épisode 3.
Courtoisie de Netflix.

Figure 5. Poinsot Marion, *Le Lion des mers : Dread Mac Farlane*, 2007, couverture du tome 5 de la bande dessinée. Stylo-plume sur feuille bristol, format A3 (couleur réalisée par Bob Bergé).
Marion Poinsot.

Figure 6. Magritte René, *La Trahison des images (Ceci n'est pas une pipe)*, 1928-1929, huile sur toile, 59 × 65 cm.
© Photothèque R. Magritte / Adagp Images, Paris 2022.

Figure 7. Fra Angelico, *Annonciation*, 1437, fresque, 230 × 297 cm.
Bridgeman Images.

Figure 8. Hopper Edward, *Chair Car*, 1965, huile sur toile, 101,6 × 127 cm.
© 2022 Heirs of Josephine N. Hopper / Adagp, Paris.

Figure 9. Viola Bill, *Ocean Without a Shore*, 2007, triptyque couleur vidéo haute définition projeté en boucle, 4,5 × 6,5 × 10,5 m.
Aimable autorisation de Bill Viola Studio. Photographie Thierry Bal.

Figure 10. Böcklin Arnold, *L'Île des morts*, 1883, huile sur bois, 80 × 150 cm.
Bridgeman Images.

Figure 11. Newman Barnett, *Onement I*, 1948, huile sur toile, 69,2 × 41,2 cm.
© Adagp, Paris, 2022.

Figure 12. Le Caravage, *Judith et Holopherne*, 1598, huile sur toile, inv. no 2533, 145 × 195 cm.
Bridgeman Images.

Figure 13. Chardin Jean-Siméon, *Le Château de cartes*, 1737, huile sur toile, 82 × 66 cm.
Bridgeman Images.

Figure 14. Darwin Charles, *Premier et deuxième diagramme de l'évolution*, 1837, tiré du Notebook B., dessins à la plume.
Aimable autorisation du Syndics of Cambridge University Library.

Figure 15. DiCorcia Philip-Lorca, *Brent Booth, 21 years old, Des Moines, Iowa, $ 30*, 1990-1992, tirage à développement chromogène, 60,3 × 91,1 cm.
Aimable autorisation de Philip-Lorca diCorcia et David Zwirner.

Figure 16. DiCorcia Philip-Lorca, *Head #23*, 2000, tirage à développement chromogène, 121,9 × 152,4 cm.
Aimable autorisation de Philip-Lorca diCorcia et David Zwirner.

TABLE

Composition et mise en page
Nord Compo à Villeneuve-d'Ascq

Imprimé en France par
CPI Bussière
en mars 2022
N° d'impression : 2063498